食べ歩き

Global travel IN NAGOYA

名古屋で世界旅行

編著｜水谷洋子+河村槙子

風媒社

チベット仏教寺院強巴林から庄内川、
春日井市内を望む（74 ページ）

イスタンブールバザール名古屋
（40 ページ）

揚輝荘（聴松閣）（麓和善撮影、73 ページ）

シンキロー（88 ページ）

タイ　フェスティバル（57 ページ）

シガークラブ加納（50 ページ）

ロゴスキー（20 ページ）

ツェスタ（41 ページ）

マイ・ブラジル（51 ページ）

【食べ歩き名古屋で世界旅行　関連地図】

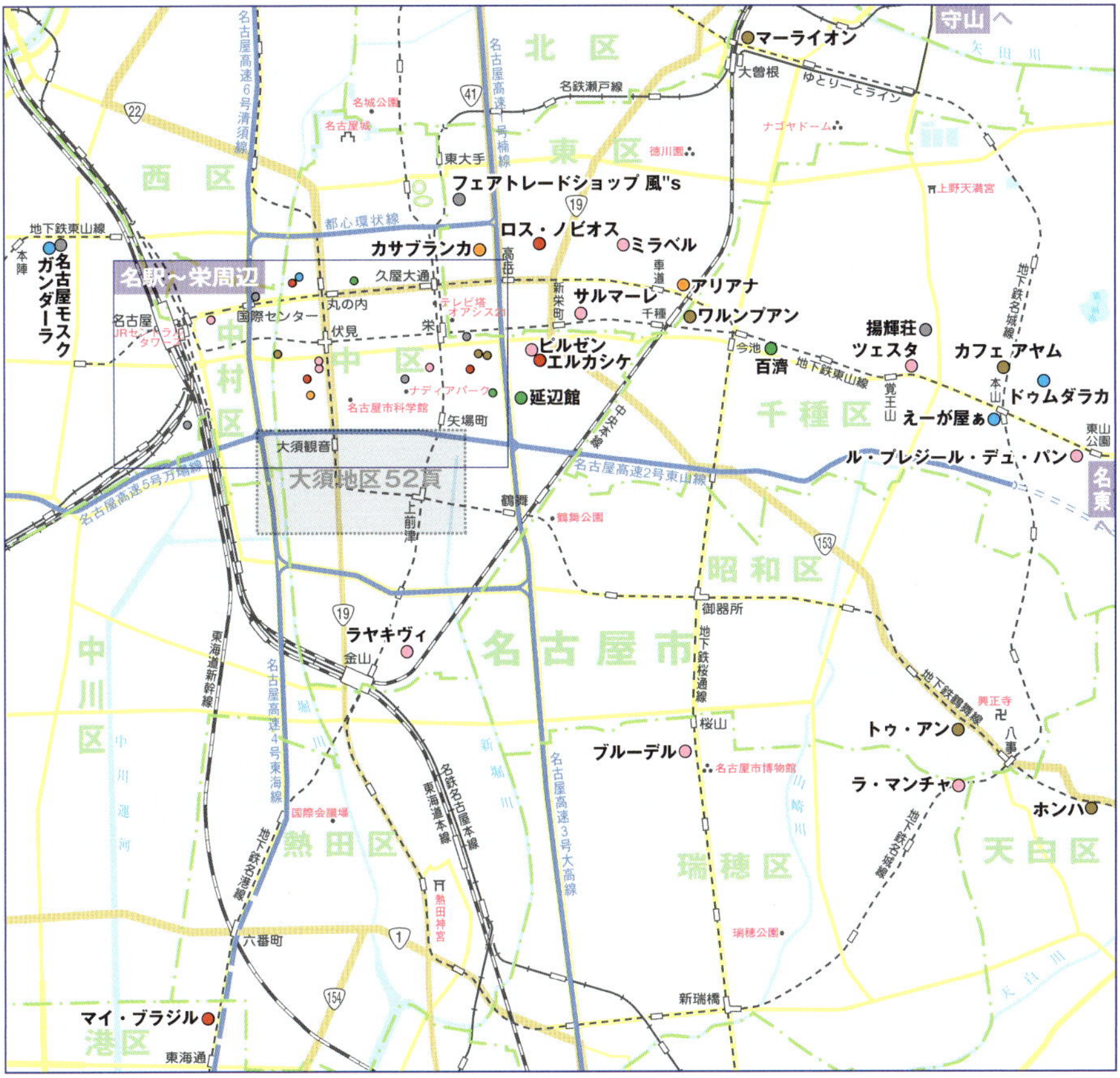

凡例

- ヨーロッパ
- 東南アジア
- 東アジア
- 南アジア
- 中東+北アフリカ
- 南北アメリカ
- 異国への窓

はじめに

日本の常識は世界の常識にあらず…。かと思えば、日本人以上に日本人らしい…。日本にいる世界各国の人々は、実にユニークで一生懸命だ。1分1秒違わない時刻表どおりに動いている日本の空間に、礼儀正しく合わせて懸命に生きる人々がいれば、なんとも無頓着に自由奔放な面々もいたりする。お国柄と言ってしまえばそれまでだが、待ち合わせの約束一つとっても異国情緒を実感。

本書は、名古屋周辺で出会うことができる異国スポット満載だ。そこに踏み入ると、香りも、音も、そして何よりも魅力的な店主や住人のキャラクターにわくわくする。各国から名古屋の地にやってきた外国人ばかりでなく、その国に魅せられたディープな日本人も楽しい。そしてやはり嬉しいのがお料理。その風土で生まれた食べ物たちが、ど

のように文字通り料理されるか…。その国ならではのこだわりと美味しさの追究があるのもおもしろい。

どんな料理を食べて、どんな服を着て、どんな音楽を聞いているのか、それを体感するだけでも随分その国が近くなる。そして、自分の国、お互いの国について少し話してみよう。思いがけない驚きや発見、気づきがあるかもしれない。

幼いころ、地図を開いただけで未知の世界が目の前に広がりドキドキした。本書をパラパラとめくって、名古屋のこんな所にこんなスポットが…と楽しんでいただけたらと思う。また、世界のさまざまな情報を発信している施設や毎年開催されているイベントなども紹介しているので参考にしていただきたい。

では、名古屋で世界旅行！　いってらっしゃい！

水谷洋子

食べ歩き名古屋で世界旅行

［目次］

＊この本に掲載された情報は2013年9月現在のものです。
ご利用の際は、事前にご確認ください。

トルコ料理

ロカンタアイハン Lokanta AYHAN

何度も通いたくなるトルコのおふくろの味

　店名はトルコ語で「アイハンの食堂」。以前は大学教授でもあった店主のアイハンさんは「食べることが大好き」で奥様の由利子さんとトルコ料理の店を始めた。そんなアイハンさんの料理の師匠はお母さん。トルコのおふくろの味は、特に日本人向けに味付けを変えているわけでもないのに口に合う。お客さんは高齢の方も多く、一度訪れた人は二度、三度とリピーターになることが多い。

　トルコ料理というと肉料理のケバブを思い浮かべるが、現地の家庭では野菜を使った料理が多いそう。アイハンさんの店でも野菜を使った料理がたくさんあり、ベジタリアンの人も訪れる。スープに付けてもトロトロにならないトルコのパンは手作りで人気だ。

「トルコ料理の店をやっているので、なるべくトルコのものを使いたい」と香辛料やオリーブオイルなどはトルコから取り寄せる。トルコのビールやワイン、またラクというトルコで親しまれているお酒も揃う。

　休日には農家を訪ね、野菜を自ら収穫に行くこともあるという。「楽しんでやりたい。お客さんの立場にたって、自分ならこうしてほしいと思うことをやっている」と由利子さん。

　また訪ねたいと思うのはそんなご夫妻の心遣いと人柄も理由のひとつである。

トルコ料理　ロカンタアイハン Lokanta AYHAN

☎ 052-223-1065
中区栄 1-14-28 豊ビル 1F
17:30 ～ 23:00（日曜・第 1 月曜・祝日休）
地下鉄東山線・鶴舞線「伏見駅」6 番出口から徒歩 6 分
http://star.gmobb.jp/lokanta_ayhan/

ラム肉のトマト炒めカヴルマ　920円
肉料理だがあっさりしており、スパイスも効いていてクセになる味

ミートソースとヨーグルトのパスタ　780円
ヨーグルトのさわやかな酸味がミートソースによく合う

イェニラク　600円（グラス）　トルコのお酒ラク。独特の香りがするトルコではポピュラーな蒸留酒

気さくなアイハンさんと妻の由利子さん

落ち着いた雰囲気の中で食事を楽しめる

アフガニスタン料理

アリアナ ARIANA

イスラムの雰囲気を五感で満喫

15年間インド料理をメインにしていたが、2010年からイランとアフガニスタン料理を加えた。

代表的なアフガニスタン料理の「マントゥ」は水餃子のようだが、ヨーグルトとトマトソースで和えてあり、味はラザニアに近い。メニューに「アフガン風お好み焼き」とあった「ボラニ」はジャガイモとニラ入りチヂミのようだ。さらにイスラム圏のカフェで男性が楽しむ水パイプのシーシャもある。ここではシルクロードの中間地点に位置するアフガニスタンらしい料理を堪能できる。

オーナーはアフガニスタンから移住して来たバハロールさん。貿易の仕事の傍ら、1997年に当時まだ少なかったインド料理店としてオープンしたため、カレーの種類は豊富だ。店内はコーランの一節が書かれたタペストリーやペルシャの調度品が置かれ、イスラムの雰囲気が満喫できる。

「世界中どこに住んでいても、皆アフガニスタンへ帰りたいと思っている」というバハロールさん。

2008年に一家で帰国した時には、紛争続きだったカブールの街はかなり落ち着きを取り戻していた。しかし、海外暮らしということを現地の人々がすぐに気づいてしまうので、どこへ行くにもボディーガード付きだったという。

アフガニスタン料理　アリアナ ARIANA

☎ 052-937-3275
東区筒井 3-31-14 恒川ビル 2F
11:30 ～ 14:30 、17:00 ～ 22:00（無休）
地下鉄桜通線「車道駅」2 番出口から徒歩 3 分
http://www.site-builder.jp/1086/ariana/

奥：ボラニ 500円、中央：マースト・ヒヤール（キュウリのヨーグルトサラダ）300円
手前：クビデ（マトンひき肉のバーベキュー）1080円

マトンカレー

マントゥ（アフガニスタン蒸し餃子）580円

アフガニスタンの装飾品

厨房の様子

モロッコ料理

カサブランカ Casablanca

インテリアもスパイスもモロッコから！

あまり身近に感じることのない国モロッコ。カサブランカやマラケシュの地名もエキゾチックな響きだ。

13年前に、「モロッコの味も文化も絶対日本の人たちは好きになってくれる！」とモロッコ人たちが開店した。名古屋で唯一のモロッコ料理レストラン。

当初は物珍しさや興味本位で訪れた人たちも、モロッコ人のフレンドリーな明るさと料理の美味しさに魅了され、お友達を連れて訪れるようになったという。

「お店で出すお料理はモロッコの家庭の味。日本人の口に合わせてるわけではないけど、美味しいでしょう？」と店長のサーディアさん。

ラマダンあけに飲むというトマトと豆のスープ、ハリーラ。酸味が効いて、具だくさんで食欲をそそる。ブームになったタジン鍋の中身はスパイスの効いたトマトベースで、肉や魚と野菜たっぷり。他に代表的な料理としてクスクス（世界最小のパスタ）やカバブ（肉の串焼き）がある。

週末にはベリーダンスのショーもあり、モロッコの雰囲気を盛り上げてくれる。

インテリアもほとんどモロッコから取り寄せたもの。妖しげなライトに照らされて気分は映画「カサブランカ」のボガードとバーグマンに…。

モロッコ料理　カサブランカ Casablanca

☎ 052-953-7774
東区泉 1-9-14 高岳レジデンズ 1F
17:30 ～ 23:00（無休）
地下鉄桜通線「高岳駅」1 番出口から徒歩 4 分
http://www.casa-nagoya.com/

店内はエキゾチックな雰囲気に包まれてモロッコ気分

陽気でフレンドリーなモロッコ人シェフとスタッフ

魅力的な衣装に、セクシーでリズミカルなダンス。一緒に踊りましょう！

日本の家庭にお茶碗とお箸があるように、タジン鍋はモロッコの家庭には必ずある！
タジン料理 1050円～1470円

スペイン料理

ラ・マンチャ La Mancha

スペイン各地の代表的な料理が一堂に

名古屋では老舗のスペイン料理店。オーナーの白木眞さんは大学卒業後世界中を巡り、最後に訪れたスペインの風土、人、料理に魅せられた。

　スペイン各地の料理を食べ歩き、帰国後大阪でスペイン料理の修行を経て1978年に開業した。

　創業以来、本物の味にこだわった。朝市場で仕入れた新鮮な魚のあらと、大量の香味野菜と共に煮込んで濾して作るブイヨン。この手間暇かけたブイヨンをベースにスペインの各地方の代表的な料理が並ぶ。

　お勧めはなんといっても海の幸たっぷり、野菜もたっぷりのバレンシア風パエリア。おこげも香ばしくて美味しい。北バスク地方のイカのスミ煮はコクのある旨みでやみつきになりそうだ。小海老のオリーブオイル煮も人気メニューである。

　店名の「ラ・マンチャ」は、有名なセルバンテスの小説「ドン・キホーテ」の舞台となったスペイン中央の州の地名である。

　店内にはドン・キホーテの木彫りの人形や風車の絵などが飾られている。壁にはスペインの風景が描かれ、棚にスペイン各地の壺やランプが並ぶ。

　最近増えてきたスペインバルとは違って、正統派で落ち着いた佇まいだ。

スペイン料理　ラ・マンチャ La Mancha

☎ 052-833-1925
瑞穂区弥富町円山 10 八事パティオ 2 F
18:00 ～ 22:30（火曜休、その他都合により休みの場合もある）
地下鉄鶴舞線「八事駅」3 番出口から徒歩 8 分
http://www.lamancha1978.com/

本場より美味しいと評判のパエリア。2人前 2850円

小海老のオリーブオイル煮　720円

手間暇かけたブイヨン作りは重労働！

イカのスミ煮　880円

店内にはドンキホーテの
木彫りの人形

スペインの風景が壁に描かれている

ポルトガル料理

ヴィラモウラ 名古屋ラシック店

VILAMOURA

ポルトガルのリゾート地をイメージした店内

名古屋で唯一のポルトガル料理専門店。店名のヴィラモウラはポルトガル南部の大西洋に面したリゾート地の名前だ。２０１１年8月に開店し、素材のおいしさを生かしたシンプルなポルトガル家庭料理を提供してきた。

「ポルトガル料理は日本食に近いものがあります。海と山の幸に恵まれていますし、例えば現地ではイワシを焼いてオリーブオイルをかけるだけ。醤油とオリーブオイルを入れかえると日本食と同じ」と、店長の礒野真次さん。

おすすめは伝統料理のカタプラーナ鍋。たっぷりのアサリやイカ、エビ、タコなどの魚介類が入るスープも格別で、後で雑炊にもしてくれる。

１００種類近くのワインが揃っているのも嬉しい。特にポルトガルのマデイラ島で造られるマデイラワインの品揃えは名古屋で一、二を争うような充実ぶり。独特の風味は紹興酒のようだ。

テーブルに置かれているシートには「日本語になったポルトガル語」一覧があり、これも話のタネになる。「カステラ」や「パン」は知られているが、「たんと」（たくさんの意、関西の方言）は本当？

今後はお店からポルトガルの生きた情報をもっと発信していきたいという。「料理だけでなく、ポルトガルの歴史や音楽などに触れていただいて、より近くに感じていただければ」

ポルトガル料理　ヴィラモウラ VILAMOURA
名古屋ラシック店

☎ 052-259-6112
中区栄 3-6-1 LACHIC 8F
（月～金曜）11:00 ～ 15:00、17:00 ～ 23:00
（土・日・祝日）11:00 ～ 23:00
地下鉄東山線・名城線「栄駅」から徒歩 3 分
http://www.heart-link-c.co.jp/vilamoura/nagoya/

魚介のカタプラーナ（アサリ・タコ・イカ・海老・カニ）。水を一切使わない料理で、素材のエキスが凝縮する。3900 円

タラとジャガイモのクリーム煮 グラタン仕立て。タラを使った料理もポルトガル料理の定番。1400 円

イワシのオーブン焼き。これも定番料理だ（価格は注文時にお店の人に問い合わせを）。毎年 6 月 13 日はリスボンの聖人アントニオの誕生日を祝う祭りが開催される。別名イワシ祭り。路上でイワシの炭火焼きがおこなわれ、漁師たちは大漁を願う。

干しダラとジャガイモのコロッケ。6 個で 720 円

店内に掲げてある古地図

店内のソファー席。落ち着いた雰囲気でお料理をいただける

ロシア料理

ロゴスキー

ソビエト時代の庶民家庭の味を受け継ぐ

ロシア料理といえば「ロゴスキー」というくらい老舗のお店だ。１９６１年に錦3丁目にオープンし、73年に現在の土屋直人さんが二代目として引き継いだ。

土屋さんの叔母である長屋美代さんが51年、夫と共に渋谷に開店したロゴスキーの姉妹店。美代さんがかつてのソビエト連邦各地を訪れ、庶民の家庭料理をまとめたレシピ本に従って、その味を受け継いでいる。

ロゴスキーという店名は、職業軍人だった夫がハルピンでよく通っていたロシア料理店「ロゴジンスキー」に由来するそうだ。

コース料理のモスクワ定食（５２５0円）では、ザクースカと呼ばれる前菜から始まり、定番のボルシチ、ピロシキが出る。続いてコーカサス風シャシリックという羊肉の串焼き、そしてキノコ料理のつぼ焼茸はパンの帽子をかぶったクリームシチュー。

これらのお料理に辛口のグルジアワインがピッタリ合う。

ビールは「バルティカNo.3」というロシアビールがあり、苦みが少なく飲みやすい。ソフトドリンクにはモルスというザクロとレモンのジュースがある。かなりの甘さだ。

お客は愉快に十二分に食べかつ飲むというのがロシア料理を食べるエチケットだそうだ。

ロシア料理　ロゴスキー

☎ 052-583-4088
中村区名駅 4-5-19 第 5 堀内ビル 4 F
（火～金）12:00 ～ 14:00、17:00 ～ 22:00
（土・日・祝）12:00 ～ 22:00
（月曜休）
JR・地下鉄「名古屋駅」徒歩 2 分

ロシア風の店内にはロシアの小物がたくさん

ザクースカ（前菜盛り合わせ）1365円～

ピロシキ（ロシア風揚げ肉まんじゅう）210円

オーナーの土屋さんご夫婦

シャシリック（羊肉の串焼き）1260円～

キャビア　5250円

ルーマニア料理

サルマーレ Sarmale

中世ヨーロッパの面影をいまなお残す国の料理を味わう

ルーマニアってどんな国…、東欧だと思うけど何処だっけ…。なかなか日本人にとって馴染みのない国である。

そんなルーマニアのことを名古屋の人たちにもっと知ってもらいたいと5年前に開店した。

オーナーのナギ・メリンダさんはお父さんとお店を切り盛り。店内はルーマニアからコンテナで持ってきた装飾品で素朴なヨーロッパ情緒にあふれている。

ルーマニア料理はヨーロッパ料理の原点とも言われている。メリンダさん出身のトランシルバニア地方の代表的な家庭料理〝パプリカシュー〟は鶏の煮込み料理。お店の名前にもなっている〝サルマーレ〟はお米が入ったルーマニア風ロールキャベツ。ソーセージの中身だけを焼いたジューシーな〝ミティティ〟。どれも美味しそう…。

ルーマニアはヨーロッパ最後の中世とも呼ばれ、多くの侵略を受けてきたが中世の文化が今も守り続けられている。そして人々の気質はラテン系で親切だ。

お店では、不定期でジプシーダンスのライブが開催され、年2回はルーマニアからダンサーを呼ぶ。ルーマニアのクイズナイトなど楽しい企画がいっぱいだ。

ルーマニア料理　サルマーレ Sarmale

☎ 052-935-8877
東区葵1-16-28 日吉ビル1F
（土、日のみ）11:30 ～ 15:00
（火～日）17:30 ～ 23:00
（月曜休）
地下鉄東山線「新栄町駅」1番・2番出口から徒歩2分
http://www.casa-nagoya.com/sar_top/

お米が入ったルーマニア風ロールキャベツ
“サルマーレ”950円~

ソーセーシの中身だけ焼いた“ミティティ”
680円~

バッカスの住む国ルーマニアはワインも最高！美味しい料理にワイン！　グラスワイン550円~

店内はルーマニアからやってきた素朴な人形や装飾品でヨーロッパの田舎町の山小屋に迷い込んだよう…

音楽好きで陽気なルーマニア人ナギ・フィレンツさん、メリンダさんのお父さん！

オーナーのナギ・メリンダさん、ルーマニアの民族衣装で

イタリアンバール

ダ・ファビオ Da Fabio

繊細な感性の店主が勧めるこだわりのワイン

本当のワインの楽しみ方を教えてくれる、名古屋でも数少ないイタリアンバールの一つだ。

オーナーのファビオさんはローマ生まれの生粋のイタリア人。このお店では、ワインに造詣の深いファビオさんが、飲む人はもちろん料理や季節、気候、あるいは気分に合わせて、自分で仕入れたワインを選んでくれる。

赤、白、重い、軽い、スパークリング、デザート…店にあるイタリア直輸入のワインの一つ一つの性格は、イタリア人にとっては「文化」であり、一人一人にじっくり向き合って、その日の一本、お気に入りのワインを見つけるオーダーメードのような客とのやり取りは、ファビオさんにとっては大事な「文化を伝える」手段なのだ。

落ち着いた音楽の中で、ファビオさんの真摯な説明を聞きながら、自家製イタリア料理とそのためのワインのマリアージュ（組み合わせ）を楽しむのが、「ダ・ファビオ」の醍醐味だ。

「毎日が勉強です」と常々口にするファビオさん。彼を常連客やスタッフは口をそろえて、「日本人よりも日本人らしい」と評する。

生まれつき物静かで真面目な少年だったファビオさんは、子供のころから日本の文化が大好き。今やすっかり日本に溶け込んでいる。

イタリアンバール　ダ・ファビオ Da Fabio

☎ 052-203-3606
中区栄 1-5-7 2 F
16:00 ～ 25：00（日曜・祝日休）
地下鉄東山線・鶴舞線「伏見駅」7 番出口すぐ
http://da-fabio.blogspot.jp/

店内。仮面パーティやアコーディオン・ライブなど、毎月趣向を凝らしたイベントが催される

店内

人気メニューのチーズのニョッキ（1400円）とブラッドオレンジジュース（700円）

ファビオさん（中央）とスタッフ。家族のように親しく、かつ礼儀正しい彼らのやり取りは、見ていて心地良い

ドイツパン

ブルーデル bruder

ずっと変わらない「硬派」なドイツパンがずらり

ドイツの街角を思わせるレンガ造りの店構え。

一歩店内に足を踏み入れると、古き良き日本の「町の洋菓子屋さん」といった趣きのショーケースに整然と並ぶケーキ。その周りにどっしりと構える硬派なパンたち。

初代オーナーは神戸の老舗ベーカリー「フロインドリーブ」を経て、ドイツに渡り現地の職人に混ざって本場の技を叩き込んだ。

「ドイツの味を名古屋の食卓に届けたい」――そんな思いから、1973年ブルーデルを開店。

二代目に受け継がれた今も、その技とこだわりは変わることなく息づいている。

「うちは昔からのお客さんが多い。長く通ってくれるお客さんを裏切りたくないから、うちのパンはずっと変わらないよ」

小林重博さんはそう語る。同店は、ドイツ人や、ヨーロッパ帰りのお客さんも多いそうだ。

昔からのお客さんを大事にし、媚びない、変えない。そんな老舗の風格を感じる“Bäckerei”（ベッカライ：ドイツ語で「パン屋」の意）だ。

ドイツパン　ブルーデル bruder

☎ 052-851-2015
瑞穂区駒場町 3-9（P:2 台）
（平日）9:00 ～ 19:00 、（日曜・祝日）9:00 ～ 18:30
（火曜・水曜休）
地下鉄桜通線「桜山駅」5番出口から徒歩２分

ザルツプレッツェル 120円。「ザルツ」は塩の意味。表目の粗塩がビールとの相性抜群！

ライブレッド 大 440円 小 220円。自家製サワー種とライ麦 50％使用。噛めば噛むほど味が出る

ザッハトルテ 380円。しっとりしたチョコスポンジ。アプリコットジャムとチョコレートが相性抜群！

モカエクレア 320円。モカフォンダン（砂糖の結晶）とモカクリームが絶妙！

ドイツの味を守り続ける職人の小林さん

ドイツパン

フライベッカーサヤ Freibäcker SAYA

本場ドイツで修行した店主が作る本格石臼引きパン

オープンキッチンのような対面式の売場に、ちょっとずつ並べられた手作り感溢れるパンたち。

その横に構える石臼で、毎日その日使うだけの小麦を挽いている。胚芽ごと挽くため、食物繊維やビタミンなどが失われず、お肌やお腹に嬉しいパンができあがる。

やわらかな笑顔で迎えてくれる店長の金久紗也さんは、本場ドイツで700年の歴史を誇る老舗のパンの味に惚れ込み、マイスターに頼み込んで3年間修業したという情熱の持ち主。

そんな彼女が作り出すパンのコンセプトは、お酒や料理の美味しさを最大限に引き出す「名脇役」。お店では紗也さんからそれぞれのパンの特徴や食べ方を聞きながら、パンを選ぶことができる。

「顔の見える関係の中で、自分が作ったパンを手渡ししていきたい」

そんな彼女の思いがこのお店の小さいながらもまじめで、温かい空気を作っている。

店内にはジャムやペーストの他、採れたての野菜や陶芸品などの作品も。いずれも紗也さんと「顔の見える」関係である生産者たちのこだわりの逸品だ。

ドイツパン　フライベッカーサヤ
Freibäcker SAYA

☎ 052-753-6522
名東区亀の井 3-91（P あり）
8：00 ～ 17：00　（日曜・月曜休）
地下鉄東山線「一社駅」2 番出口から徒歩 15 分
http://www.freibaecker-saya.com/

ひまわりパン 480円／ハーフ 240円。ひまわりの種のこりこりとした食感が楽しい。サラダやクリームチーズとの相性も抜群

シュトロイゼル 130円。ドイツ風メロンパン。ほんのり甘い全粒粉クッキー生地がカリッとして美味しい

フルーツパン 480円／ハーフ 240円。ライ麦70％の生地に、レーズン、いちじく、クルミがたっぷり！

古代小麦のツォップ 150円。パン用に品種改良されていない、ドイツでは健康食品として人気の古代小麦を使用したパン

店長の金久紗也さん

さたマル。毎月第1、3土曜朝9時～12時開催の「さたマル」という地元の生産者たちが集うマルシェ。こちらにも足を運んでみたい

店内の個性豊かなアーティスト作品

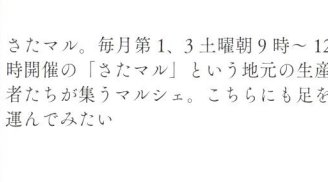

ドイツ料理

ピルゼン pilsen

こだわりのサーバーで注がれた本場ドイツの味

都会の隠れ家のような雰囲気のある外観、そして店内に一歩足を踏み入れると、まるで西洋のお城にお邪魔するような、そんな印象を受けるのがこのピルゼンだ。

内装はクラシックなレンガ造りで、冬には実際に使われるという暖炉もある。最大50人は入れる客席、どこの席に座っても雰囲気を楽しめるだろう。

ドイツ生ビールは3種類、ピルスナービールのビットブルガー、ブラックビールのコストリッツァー、そして二種類のビールを半分ずつ注いだハーフ&ハーフ。1981年のオープン当時から、30年以上守り抜かれた、氷冷式サーバーで3度注ぎで提供される。あらかじめ冷蔵庫で冷やされたビールを、氷冷式サーバーを通すことで直前にさらに冷やし、3度注ぎ足して完成する。温度が守られビールが冷えすぎないので、この注ぎ方にこだわりを持っている。

人気メニューの自家製ソーセージは約3日間かけてお店で手作りされる。一つ一つの料理が自信の一品だ。

開店当時から変わらない店内、そしてオススメのビールや料理は、いつでも直球で生きてきたご主人そのもの。今日の仕事帰りは心地良いジャズのBGMに揺られながら、ドイツ料理を楽しんでみてはいかがだろうか。

ドイツ料理　ピルゼン pilsen

☎ 052-241-2911
中区新栄 1-4-5
16：00 ～ 24：00（日曜休）
地下鉄東山線「新栄町駅」2 番出口から南西へ徒歩 5 分

ソーセージ盛合せ
2100円

ポテトチャンプ　840円

趣のある暖炉が心を和ませる

クラシックなレンガづくりの店内

ブランジェリー＆カフェ

ル・プレジール・デュ・パン

Le plaisir du pain

在名フランス人も認める本場のパン

日仏夫婦が経営するブランジェリー＆カフェ Le plaisir du pain（ル・プレジール・デュ・パン）は、「パンの楽しみ、喜び」を意味する。

２０１１年２月にオープンし、在名古屋フランス人も認める本場のパンだ。

定番のバケットやクロワッサンを始めとした豊富な種類のパンの他に、キッシュやケークサレといったお惣菜やサンドイッチなど、カフェでも家でも食べられる商品が揃っている。

また、タルト、ムース、マカロンやクッキーなどフランスを代表するスイーツの種類も豊富。

更に季節の限定商品として、春には桜風味の焼き菓子やパン、夏には自家製アイスクリーム、冬にはパリのクリスマスを彷彿とさせる商品が並ぶ。１月にはフランスで公現祭に食べられる伝統菓子ガレット・デ・ロワ（王のガレット）の販売もある。

「本場フランスの味を知っていただきたい」というオーナーのヴノンさんご夫婦。

フランスでパン屋は人々の生活に密着していて、各家庭で贔屓にしているパン屋へ毎日のようにパンを買いに行くそうだ。

Le plaisir du pain をぜひお気に入りのパン屋に。

ブランジェリー＆カフェ
ル・プレジール・デュ・パン Le plaisir du pain

☎ 052-781-0688
千種区東山通り 4-17 黒川ビル１F（P1 台）
9：00 ～ 18：30（カフェ～ 18：00）
（火曜・第３月曜休）
地下鉄東山線「東山公園駅」４番出口から徒歩１分
http://www.leplaisir-dupain.com/

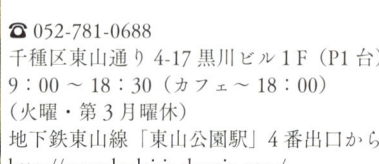

バゲット　270円

お店のスペシャリテ　パン・プレジール　310円

7種類の手作りサンドウィッチ　450円〜

常時タルト系やムース系、エクレアなど10種類以上並ぶ

併設されているカフェ

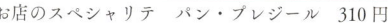

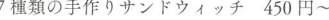

フランス料理

ミラベル Mirabelle

昔ながらのフランス料理をリーズナブルに

　店名の「ミラベル」は、フランスのアルザス・ロレーヌ地方特産の果実の名前。スモモの一種で小さくて黄色い。香りもよく、そのまま食べたり、ジャムにしたりと、現地のシンボルフルーツにもなっている。

　オーナーシェフであるゴゲ・ファブリスさんは、そのアルザス・ロレーヌ地方の出身。祖父から続く料理人一家に生まれ、「本場の味を広めたい」と、97に来日。東急ホテルで働いたのち、2010年5月にいまの店を開いた。

　建中寺公園前の落ち着いた環境。店内にはシャンソンが流れ、フランス国旗の青がベースになった内装だ。一面はオープンテラス。まるで現地にいるような雰囲気でゆっくり食事を楽しめる。

　フランス料理だからと気構える必要はない。「20代から80代までの方々がお客さんです。気軽にフランス料理を楽しんでほしい」とゴゲさん。こだわりは、何よりも美味しく料理を食べてほしいということ。だから、飾りつけより手づくりの味をしっかり、ボリューム重視。リーズナブルに昔ながらのフランス料理を味わいたい方にはおすすめだ。

　ランチは1500円～、自家製ソーセージや、フラメンキッシュが人気。

フランス料理　ミラベル Mirabelle

☎ 052-979-8970
東区筒井 2-2-1　パークハイツみしまⅡ
11:30 ～ 14:30、18:00 ～ 23:00（月曜・第 3 火曜休）
地下鉄桜通線「車道駅」1 番出口から徒歩 8 分
http://mirabelle-nagoya.jp/

ランチはサラダ＋メイン＋パン＋デザート＋ドリンクで1500円～。パン食べ放題

自家製ブーダンブラン（白ソーセージ）。1700円

ムール貝の白ワイン蒸し。フライドポテトと一緒に　1800円

オーナーシェフのゴゲさん

青を基調とした店内

北欧カフェ

ラヤキヴィ rajakivi

北欧の雰囲気を感じて、ゆったりとした時間を過ごす

幼い頃からなぜか北欧が好きだったという店長の石塚昌和さんは、北欧の国々を知れば知るほど好きになり2011年10月末に、ついにカフェをオープンさせた。店名のラヤキヴィは、フィンランド語で「境界の石」という意味で、自分の名前を表しているのだそう。石塚さんの穏やかな話し方は、ゆったりとした北欧の雰囲気を感じさせ、素材にこだわった料理は、本物の北欧の味を再現している。

スモーブローはデンマークの伝統的料理。薄くスライスしたライ麦パンにバターを塗り、その上にパンが隠れるくらいの食材をたっぷり盛り付ける。具を全体にのばし一口大にして食べる。一番人気はグラブラックスサーモン（生鮭を塩、砂糖、ディルでマリネしたもの）。他、店内ではフィンランド、ロバーツコーヒー社のコーヒーや自家製の北欧パンも楽しめる。モーニングではドリンクにパンが一つ付く。

名古屋で唯一の北欧カフェのため遠方から訪れる客も多い。石塚さんは、「北欧が好きな人が来てくれると嬉しい。お客さんと北欧の話ができるといい」と話す。

店内にはシンプルだけど温もりのある空間が広がる。木製の時計がゆっくり時を刻む。日常の忙しない時の流れから解放され、心豊かなひとときを過ごしてみては。

北欧カフェ　ラヤキヴィ rajakivi

☎ 052-253-7632
中区金山 2-11-1　アーバンハイツ金山 1F
8:00 ～ 18:00（月曜休、祝日の場合翌日火曜休）
金山総合駅北口から徒歩 7 分
http://rajakivi.com/

北欧の素材をたっぷり使ったスモーブロー（デンマーク式オープンサンド）。写真はグラブラックスサーモン。単品（スープ付）780円

オフカイセット（フィンランド風パンケーキ）単品 430円
セットだとドリンク代＋ 300円

自家製の北欧パン。右下から時計回りに、カルヤランピーラッカ（ミルクで炊いたおかゆをライ麦生地で包み焼いたパン）、ペルナピーラッカ（ライ麦生地にマッシュポテトを包み焼いたパン）、コルバ・プースティ（シナモンロール）。全各 150円

店内では、コーヒー消費量世界一のフィンランドで一番飲まれているロバーツコーヒー社のコーヒーが飲める

白を基調とした店内は広々とした明るい空間

アイリッシュパブ

シャムロック Shamrock

ギネスを飲みながらゆっくり楽しむアイルランド

伏見の路地裏にあるアイリッシュパブ「シャムロック」は半地下で隠れ家的な存在だ。シャムロックとは三つ葉のクローバーのことを言い、アイルランドの国花になっている。

２０１０年９月に開店し、ギネスビールはもちろん、アイルランド料理も楽しめる。

お薦めはギネス衣のフィッシュ＆チップス。牛挽き肉をマッシュポテトで覆って焼き上げたコテージパイはサクサク感がたまらない。

珍しいのはスモークサバのディップ。サバの臭みが無く食べやすい。粉をアイルランドから取り寄せて作っているブラウンブレッドは本格的。一番人気の飛騨牛のローストビーフは柔らかくて美味しい。

どのお料理にも使われている野菜は、オーナー伊藤治雄さんの実家から直送されている。これもオーナーのこだわりかと思いきや、アイルランドではごく自然なことらしい。

アイルランドでパブというのは、人々がギネスを飲みながら、食事をする憩いの場。アイリッシュパブを飲み会の２次会で利用するのではなく、ゆっくりアイルランド料理味わって、楽しんでほしいとオーナーは語っていた。

アイリッシュパブ　シャムロック Shamrock

☎ 052-201-2050
中区栄 1-5-14 モモタロウビル B1
16:00 ～ 24：00（祝日休）
地下鉄東山線・鶴舞線「伏見駅」6 番出口から徒歩 1 分
http://shamrock-irishpub.com/

毎週おこなわれるミュージックライブ

スモークサーモン　800円

コテージパイ　880円

一番人気！自家製飛騨牛のローストビーフ
1000円

ギネス衣（衣を作る際に、粉をギネスビールで溶く）のFish&Chipus　900円

イスタンブールバザール名古屋

トルコへの旅行気分を味わえる芸術品専門店

栄のプリンセス大通り沿いの小さなお店。トルコのアンティークやランプ、アクセサリーなどを扱うトルコ芸術専門店だ。

「いらっしゃいませ」と流暢な日本語で迎えてくれるのは店主であるシャキル・ケレショグさん。トルコ内陸部の古都、コンヤ市出身。

トルコの伝統的な手織物であるキリム

2010年2月に来日。日本語学校で言葉を学び、ケバブ屋などに勤めた後、12年3月にこの店をスタートさせた。

店内は所狭しとハンドメイドの品々がひしめいている。天井からは、ビーズとガラスを組み合わせて作られたモザイクキャンドルがつり下げられており、幻想的な雰囲気を演出している。

一番人気は、やはりアンティークキリムを使った商品。トルコキリムは伝統的な手織りもので、材料は羊毛。それを草木染めしたものだ。赤、青、黄色など、それぞれ鮮やかな色なのにしっくりと落ち着いた風合いを出すのはナチュラル素材ならでは。

このキリムの模様には、織る人の気持ちが込められているという。

「たとえば自分の夢、人生の意味、あるいは誰かを好きになったその気持ちを表現したり、悲しい気持ちを表すこともあります」

ほかにも色鮮やかなお皿やカップなどのセラミック芸術、目玉のおまもりナザールポンジュなど、これだけの品揃えは名古屋ではここだけ。エキゾチックな雰囲気の中で、あなただけの宝物探しはいかが？

シャキルさんがお店のホームページで更新している軽妙なエッセイ「1日1つトルコ語講座」も必見だ。週に一回、トルコ語講座も開催しているそうだ。

イスタンブールバザール名古屋
ISTANBUL BAZAR

☎ 052-251-6668
中区栄 3-13-1 南呉服町ビル１Ｆ
11:00 ～ 20:30 （無休、金曜・土曜・祝日などお休みの前日の夜は遅くまで開店）
地下鉄東山線「栄駅」から徒歩５分、あるいは名城線「矢場町駅」６番出口から徒歩５分
http://istanbulbazar.ocnk.net/

ツェスタ cesta

古本カフェ&古本バー、チェコ好き、本好きが集う

cesta（ツェスタ）とはチェコ語で旅という意味。以前から海外の本などを扱うお店に携っていたが、海外の本の中でもチェコのものが特におもしろいと感じていたオーナーの山守弘城さん。

9年前に覚王山に新規オープンする時、チェコの本にこだわってチェコの古本カフェとして開店した。1950〜80年代のものが多く、装丁、製本、紙、印刷、挿絵が美しい。そして芸術性が非常に高い。アーティストが描いているものが多いという。

店内はチェコばかりでなく海外、日本の古本も並び、チェコの雑貨やカードなども置かれている。昼は挽きたてのコーヒーなどが飲める喫茶、夜はチェコのビールやアブサンなど拘りのあるお酒とチェコ料理のおつまみが楽しめる。

おすすめはウトペネッツというソーセージの酢漬け。チェコのおつまみと言えばこれが出てくるらしい。ちなみに、ウトペネッツは〝水死体〟という意味だそうだ。確かに膨らんでる…。アブサン・ファウンテンという給水器で水割りにした風味豊かなアブサンが飲めるのも、通にはたまらないらしい。

お店では不定期に読書会やライブ、読み聞かせなどのイベントも開催している。また、店内の壁面を使って展示希望者も募っている。

美しい装丁の本がずらり！

ウトペネッツ（ソーセージの酢漬け）
600円

古本カフェ＆バー　ツェスタ cesta

☎ 052-752-1109
千種区末盛通り 1-17 覚王山プラザ１Ｆ
古本カフェ 13:00 〜 18:00
（水・木・金・土曜）
古本バー 18:00 〜深夜 2:00（不定休）
18:00 以降の古本バー営業時は飲食される方のみの入店可能
地下鉄東山線「覚王山駅」2 番出口すぐ
http://www.cesta.jp/

ブラジル料理

サプカイ sapucai

店主のつくる料理はブラジルのお袋の味

オーナーの土井定子さんが2010年に開業。店名の「サプカイ」はブラジルリオのカーニバルのメインストリートから。

陽気なブラジル人スタッフが迎えてくれる店内には、リオのカーニバルの映像と音楽が流れ、開店早々にも関わらずお客さんの笑顔が溢れている。

お店の名物料理はなんと言ってもシュラスコ。18時から22時までは、シュラスコや30種類ほどのブラジル料理が食べ放題のビュッフェを提供。明るいブラジル人スタッフが目の前で焼きたてのシュラスコをカットしてくれる。肉汁たっぷりのお肉には、さっぱりとした特製ソースが絶妙にマッチし、食事が進む。アラカルトのメニューも80種類と豊富。サプカイオリジナルのチーズスティックは、外はカリッと中はもっちり。ぜひ一度味わってもらいたい一品だ。

定子さんが作るブラジル料理は日本人にも大人気。お客さんの90%が日本人で、リピーターも多い。ブラジル旅行で現地の料理を食べてきたお客さんに、「定子さんが作るブラジル料理のほうが美味しい」と言われたことも。まさに定子さんの作る料理はブラジルのお袋の味だ。

誕生日にはケーキのサービスあり。10名以上なら1人無料になるサービスも。

ブラジル料理　サプカイ sapucai

☎ 052-251-7588
中区栄 4-12-7 愛知サカエビル 1F
（火曜～土曜日）18:00 ～翌朝 5:00、（日曜）18:00 ～翌 2:00
（月曜休）
地下鉄東山線「栄駅」13 番出口から徒歩 3 分

ビュッフェ料理には
野菜料理も豊富
男性:2480円、女性:
1980円、飲み放題
は＋1500円（18:00
〜22:00）

チーズスティック
750円

ブラジル伝統のカクテル
カイピリーニャ
800円

豪快にシュラスコをカット

生演奏を聴きながら
食事も楽しめる

定子さん（中央）と
明るいスタッフ

ブラジル料理

プラネタグリル Planeta Grill

お店の周辺はまるでブラジル語圏

ブラジル領事館の斜め前にあるブラジル料理レストランだ。入り口にはブラジルからの輸入食材が並び、その奥のレストランではボサノバなどブラジルのテレビ番組が流れる。

オーナーはフィリピン系ブラジル人で、隣にある旅行会社など多角経営のため、レストランはシェフのヨコミゾ・イバンさんにお任せ。ヨコミゾさんは日系だが日本語はほとんど通じない。近くにブラジル銀行もあるためか、この界隈はブラジル語圏のようだ。メニューには日本語表記もあり、一部の店員は日本語が通じるので注文には困らない。

お勧めはビーフ・ア・パラメジャーナ。チーズとトマトソースのかかった特大わらじカツで、大人の掌ふたつ分位の大きさ。ビーフは案外柔らかく、あっさりしている。さらにフェイジョアーダというブラジル豆の煮込みとライスが食べ放題で付いている。

トロピカルジュースが豊富で、アサイーは最近日本でも人気が出ているが、カジュー、グラビオラ、クプアスは聞き慣れない。これらはアマゾン一帯のハーブ医療に古くから使われているが、果肉をミルクと混ぜたジュースは甘くておいしい。

ボリューム満点の肉料理と薬効のあるジュースを味わいながら、ブラジル語を学ぶには最適な場所である。

ブラジル料理　プラネタグリル Planeta Grill

☎ 052-231-8040
中区丸の内 1-11-15 カトレビル 1F
10:00 ～ 17:00（無休）
地下鉄鶴舞線「丸の内駅」7 番出口から徒歩 4 分

ビーフ・ア・パラメジャーナ 1500円（ランチ）

フェイジョアーダ（ブラジルの豆、豚肉、ブラジルのソーセージ）

グラビオラジュース。水で割ると400円、ミルクで割ると500円。アセロラ、パイナップル、ブルーベリー、オレンジなど、13種のトロピカル・ジュースがある

営業時間が10:00 ～ 17:00のため、すべてランチメニュー。ブラジル直輸入のパンはお持ち帰りもできる。

ブラジル食材がたくさん並ぶ

コロンビア料理　エルカシケ EL CACIQUE

陽気な店内でラテンムードを満喫

スペイン語に「Doña（ドーニャ）」という言葉がある。日本語に直すなら「オバちゃん」が一番近いだろうか。大きな顔で大きく笑い、愛情たっぷりの料理は栄養もカロリーもたっぷり。ついでにお尻もお腹もおっぱいもたっぷりのラテンアメリカの「Doña」は、赤道近くの元気な太陽そのもの。大きな愛で皆を包み込み、そして皆からも愛されている。陽気なママ、ジョアンナさんもまさにそんなDoñaの一人。

店内は、窓一面に広げられたコロンビア国旗のほかはいたって簡素で、まるで家庭のリビングのよう。気取らないラテンの空気が流れる。扉を開けた時、もしその濃密な異国の感じに驚いてしまったら、甘酸っぱいトロピカルフルーツのジュースで、まず香りと味から慣れていこう。料理はコロンビアでは一般的な、でも日本では目新しいものが多いが、コロンビア風コロッケはその中でも食べやすく、何にでも合うのでお勧めだ。頼めば手作りのサルサソースをつけてくれるのも嬉しい。

週末は日本や中南米だけでなくアジア、アフリカなど、様々な国の人々が集い、思い思いに過ごす。ジョアンナさんはそんな客たちに囲まれながら、鼻歌交じりで料理を作る。

帰り際、もし彼女と打ち解けることができていたら、愛情たっぷりのハグとキスのおみやげをくれるだろう。

コロンビア料理　エルカシケ EL CACIQUE

☎ 052-243-3787
中区新栄 1-8-11 藤松ビル 201
20:00 ～午前 5:00（日曜休）
地下鉄東山線「新栄駅」2 番出口から徒歩 10 分

トロピカルフルーツのジュース（500円）。右はマンゴー。左は中南米特有の果物、グアナバナ。他にも、仕入れによっていろいろなジュースが楽しめる

コロンビア風コロッケ（1000円）。揚げたてアツアツを自家製サルサソースで

この日の店内は日本人、アフリカ人、コロンビア人で満席

ジョアンナさん。来日して今年で15年になる

メキシコ料理

伝統が息づく本場仕込みの料理を味わう

ロス・ノビオス Los Novios

　メキシコといえば麻薬、殺人など非常に怖いイメージがあるが、そんなことはないと力説するオーナーシェフの小川茂樹さん。テキーラや食材、さらに店内の調度品の買い付けで度々メキシコを訪れるが、そんな光景を目にしたことは一度もない。現地の人々は温かく、おまけに料理も美味しい。

　ユネスコの無形文化遺産に登録されたメキシコ料理は、4000年以上もの歴史がある。唐辛子の原産地であるため辛いというイメージが強いが、トウモロコシ、トマト、それにカカオなど、数多くの野菜がメキシコ原産で、料理に使われている野菜も豊富である。

　メキシコ料理の代表「モレ・ソース」は、カカオとスモークした唐辛子を使った野菜のソース。蒸した鳥肉の上にかけて、トルティーヤに包んで食べると美味しい。お店で出されるトルティーヤ（タコス）はトウモロコシの粉から毎日焼いているので、香りもよい。テキーラは150種。店内は瓶でギッシリだ。竜舌蘭の球根から作られる蒸留酒で、熟成度によってシルバー、ゴールド、アニェホと分類され、熟成が進むと琥珀色のまろやかな味になる。

　本物のメキシコ料理を食べてもらうことで、本当のメキシコを理解してもらいたいとオーナーは熱く語る。

メキシコ料理　ロス・ノビオス Los Novios

☎ 052-932-8220
東区泉 3-11-29 クシダビル 1F
17:00 ～ 24:00（火曜休、祝日や祝前日は営業）
地下鉄桜通線「高岳駅」2 番出口から徒歩 5 分
http://los-novios.net/

ナチョス・コン・フリホーレス
（タコスチップの豆とチーズのせ）700円～

アロス・コン・マリスコス（魚介入りメキシカンライス）900円～

モレ・ポブラーノ（若鶏のソテー メキシコ伝統のカカオソースがけ）1600円

タコス・コン・ケソ・カルネ（挽き肉と野菜・チーズのタコス）1200円

左奥：サナオリアス（ニンジンのサラダ）700円、中央手前：サルサソース、右奥：セビチェ（たことホタテのライムジュースマリネ）

オーナーが現地で買い付けたメキシコグッズが並ぶ店内

シガークラブ加納

キューバ音楽ライブほか
カフェ&バー

名古屋最大級の品揃えを誇るシガー専門店

夕方、伏見のオフィス街を歩いていると、落ち着いた異国の情緒を持つ一角に目を奪われる。踊りたくなるような音楽が流れ、お酒・コーヒー・料理のいい香りとともに、談笑するお客さんが外まであふれ出そう。そこに一人また一人と人が吸い寄せられていく。

ここはシガークラブ加納。街のタバコ屋さんとして、1953年に創業。歩いて中に入れるほどの大きさのシガー専用保管庫「ウォークイン・ヒュミドール」を名古屋地区で初めて導入。その中には「コイーバ」「モンテクリスト」など世界的に有名なキューバ産シガーを始めとする名品が整然と並び、常に湿度70%・温度19℃に保たれ、ベストな状態で愛好家を待ちわびる。それ以外にも、あまりお目にかかれない輸入品やキセル・パイプなどのグッズまで、初心者から愛好家をしっかり満足させるシガー・タバコが揃っている。

お店の名前は〝シガークラブ〟だが、美味しいお酒・料理のあるCafe&Barとしても評判で、週末は老若男女多くのお客さんが集う。オフィス街ということもあり、外国人のお客さんもチラホラ。シガーやタバコを吸わない人もたくさん訪れ、このお店オーナー、加納康子さんが作る名物〝トロトロ玉子の絶品オムカレー〟を食べるために来店される方も多いとか。

キューバ音楽やジャズのライブが開催される日もある。ここでライブをしたバンドが、キューバ本国の音楽フェスティバルに招聘されたことも。

春から秋にかけては、窓を開けてオープン状態で営業をするので、心地良い風に当たりながら過ごすことができる。

名物オムカレー　950円

お店の雰囲気は抜群！

シガークラブ加納

☎ 052-231-5534
中区栄 1-10-30 モンテシャリーヌ 1F
16:30 ～ 25:00（日曜・月曜休）
地下鉄東山線・鶴舞線「伏見」駅 6、7 番出口から徒歩 5 分
http://www.cigarclub-kanou.com/

マイ・ブラジル MY BRASIL

生活に密着、ありのままのブラジルの空気

多くのブラジル人が住む九番団地。スーパーとレストランを兼ね備えた「MY BRASIL」は、彼らの生活の中心になっている。

スーパーでは、店の裏のオーブンで焼いた手作りのフランスパンとポンデケージョ（もちもち食感のチーズパン）が、手ごろな価格（50円）で本場の味を楽しめると人気。他には、日本ではなじみの薄いガラナジュース（ブラジルのコーラ的存在。110〜130円）もここでは大人気だ。

体格のいいブラジル人客のひしめきあう店内はまさに「所狭し」といった感じで、ふらっと立ち寄るだけで、まるで自分が「外国人」であるような感覚を味わえる。

レストランでは、ヨーロッパで修業を積んだブラジル人シェフが腕をふるう。豪快な「シュラスコ（ブラジルのステーキ）」や、ブラジルの家庭料理「フェジョアーダ（豆、肉と香味野菜の煮込み）」などが、バイキング形式（980円）で楽しめる。

ストリートの一角のような雰囲気に飛び交うポルトガル語（テレビで流れるのもブラジルのニュースだ）の中で、濃い味のブラジル料理にかぶりつく。その体験は非日常そのものだ。

にぎやかなお店の外観

店長ご夫妻はどちらも日系ブラジル人2世

バイキングは肉も野菜も豊富

レストランのスタッフ。どの方も3カ国語（日・西・ポルトガル）を話せる

マイ・ブラジル
MY BRASIL

☎ 052-652-9955
港区七番町 2-11-1-9 番街モール内
8:30 〜 22:00（日・祝日〜 19:00）
（水曜、第 3 火曜休）
地下鉄名港線「東海通駅」4 番出口から北へ徒歩 5 分
http://www.mybrasilmercado.com/
（言語選択可）

大須で世界旅行!

さまざまな国の料理店や雑貨屋が点在する大須。交通費ゼロで食べ歩き＆見て歩きが楽しめる。ちょっとした海外旅行気分を味わってみてはいかが。ここではほんの一部をご紹介。

正式なナポリピッツァ
世界チャンピオンのお店

ソロピッツァ ナポレターナ大須本店

2010年のナポリピッツァ世界選手権で世界一のピッツァ職人になった牧島昭成さんのお店だ。

薪窯やキッチン用品、カウンター、店内の絵まですべてナポリから調達。ピッツァ1枚350円〜という価格設定も現地に合わせている。

もともとナポリのピッツァは貧しい人々の間で広まったもの。早くて安くてうまい、おまけに健康にもいいのが本場のピッツァだ。

牧島さんはナポリ公認のナポリピッツァ世界大使でもあり、ピッツァ職人を目指して全国から集まるスタッフに〝ピッツァ職人のスピリット〟を植え付けている。

土日には一日100枚も出るとか。きびきびと働くスタッフの方々が爽やか。

一番人気は世界一になったマルゲリータ エクストラ S.T.G.（850円）。カリっとモチモチの焼き具合はまさに職人技。

ソロピッツァ
ナポレターナ大須本店

☎ 052-238-0372
中区大須3-36-44
11:00 〜 22:30
（水曜、第1・3火曜休〔祝日の場合は営業〕）
地下鉄名城線・鶴舞線「上前津駅」8番出口から徒歩5分
http://www.solopizza.jp/
姉妹店に「ピッツェリア トラットリアチェザリ」がある。

通り掛かるだけで漂ってくる、香ばしいにおいとブラジルの風

ブラジル料理
オッソブラジル

大須の中のブラジル！

商店街を歩いていると、どこからか肉の焼ける香ばしいにおい。導かれるようににおいを辿ると、こんがり焼けた大量の鶏の丸焼きと、オープン席でそれを頬張る体格のいい人々。スタッフも皆ブラジル人。

ここは本当に日本なのか？　そう思わせるほど異国情緒たっぷりだ。

名物の鶏の丸焼き「フランゴ・アサード」（1500円）は、1日タレに漬け込んだ後、約1時間かけてじっくりと焼き上げる。きゅうりとタマネギのみじん切りが入ったピリリと辛いビネガーソース「ヴィナグレッテ」につければ、ジューシーで食べごたえたっぷりの肉もさっぱりとした後味に。

一口噛むだけで肉汁が溢れ出るブラジルソーセージをパンで挟んだ「ブラジルホットドッグ」（350円）もオススメ。

ブラジルホットドッグ

オッソブラジル
OSSO BRASIL

☎ 052-262-7706
中区大須3-41-13
10:30～21:00（月曜休）
地下鉄名城線・鶴舞線「上前津駅」8番出口から徒歩3分

台湾屋台の味をそのまま再現　食べ歩きにも最適！

小龍包×焼き餃子×中華まん
台湾の焼き包子

新天地通で2008年に開店した焼き包子《パオズ》（中華まん）のお店だ。メニューは、肉がメインの肉包《ロウパオ》と野菜がメインの菜包《ツァイパオ》の2種類。お店の前のベンチで作り立てをいただこう。

ただし、肉包はジュワッと肉汁が溢れてくるので注意。最初に少しかじって肉汁を吸いながら食べるのがコツとか。鉄板で焼きあげるので底はカリカリ。小籠包のような餃子のような…くせになりそうな食感だ。

160円でこのボリュームだ。お得です！

店主の小坂井さんは北京に留学経験もあり、サラリーマン時代にはマレーシアに駐在したこともあるというアジア通。自分で独立して仕事を始めたいと思ったときに台北の生煎包《サンチェンパオ》の味を思い出し、士林夜市《シーリンイエシー》の有名店「大上海生煎包」で1年6カ月修業した。

今後はもっと焼き包子ファンを増やしていき、フランチャイズ店も考えたいという。

台湾の焼き包子

☎ 052-242-3803
中区大須3-20-14
11:30～20:00（平日）、土日祝は11:00～。売切れ次第終了
地下鉄名城線・鶴舞線「上前津駅」8番出口から徒歩3分
http://www.paozu.asia/

陽気なパフォーマンスと、本格的なケバブを楽しもう！

トルコ料理

Mega Kebab 大須3号店

「ハーイ、王子様、お姫様！味見していって〜！」陽気な誘い文句に、思わず笑みがこぼれる。

代表メニュー「ドネルケバブ」は、トルコ語で「まわる焼肉」という意味。グルグルと回しながら焼くうちに余計な脂が落ち、とてもヘルシー。

注文を受けてから削ぎ落とした肉をたっぷりの野菜と共に挟んだ「ピタパンミディアム（牛肉600円、鶏肉500円）」は、一個でお腹いっぱいだ。

ケバブをたっぷりとピザ生地に載せて焼き上げた全長30cmの「ピザケバブ」は大須3号店のみの販売で1日40食限定。ケバブの新しい楽しみ方を教えてくれる。お餅のように伸びるトルコアイス、「ドンドルマ」をなが〜く伸ばすパフォーマンスも楽しい。

同店は大須に3店舗を展開。陽気なトルコのお兄さんたちは、大須のそこかしこで道行く人の笑顔をつくっている。

ピザケバブ(牛肉900円、鶏肉800円)
半額キャンペーン中

サービス精神たっぷりのトルコ人スタッフ

メガケバブ
Mega Kebab 大須3号店

☎052-265-7883
中区大須3-36-36-1
10:30〜21:00（平日・祭日）、10:00〜22:00（土・日）
地下鉄名城線・鶴舞線「上前津駅」8番出口から徒歩5分
http://www.megakebab.com/

フトコロもお腹も心も大満足。タイ版おふくろの味

タイ料理

ホームマリ

日本でも本格的なタイ料理が食べられるお店はたくさんあるが、取り分けて食べるような大皿で、一品の値段が1000円を超えるお店が多い。タイの屋台で食べるように、もっと気軽に楽しみたい！そんな声にこたえてくれるのがここ。

何とすべての料理が500円ワンコイン。安いからといって手抜きは一切ない。調味料や香草はタイから輸入している。

ざっくばらんで温かい人柄のママが一人で切り盛りする。まるで「昔ながらの定食屋」といった趣きだ。タイ版おふくろの味といったところか。

店名の「ホームマリ」は、タイ語で「ジャスミンの香り」の意味。カオホームマリ（ジャスミン米）とココナッツの甘い香りがとけ合う、タイ料理の代表格「グリーンカレー」や、同店オリジナル料理のピリッと辛いトムヤムクン風味の炒飯「カウパット・トムヤム」がオススメ。

ピリッと辛いトムヤムクン風味の炒飯、カウパット・トムヤム（500円）

ホームマリ

☎052-201-3755
中区大須3-36-36-1
11：30〜20：00（水曜、第3月曜休）
地下鉄鶴舞線「大須観音駅」2番出口から徒歩4分
http://www.asia-dream.jp/mari/

ラテンアメリカ文化を丸ごと体験！

ラテンアメリカ雑貨

PUKIIO latinoamerica

お店から流れる、「コンドルは飛んでいく」でおなじみの郷愁を誘うフォルクローレの音色。思わず身体が動き出してしまうサルサのリズム…ラテンアメリカが丸ごと感じられるお店だ。

商品は全て南米の職人の手作り品。一番人気は本物のアルパカの毛を100%使用したアルパカ人形。携帯ストラップから子供が乗れる大きさのものまである。「手に入れたいものを持たせるとそれが手に入る」というボリビアの願掛け人形、チョビヒゲおじさんの「エケコ人形」も人気。2階ではケーナやサンポーニャ（パンパイプ）といったフォルクローレ楽器の販売やレッスンも。

大須商店街の名物「ラテンアメリカフェスティバル」も主催する。店長ミゲルさんの「ラテンアメリカの音楽や踊りの楽しさをより多くの人に知ってほしい」との思いから始まった。

純毛100%のアルパカ人形たちと店長ミゲルさん

プキオ ラテンアメリカ
PUKIIO latinoamerica

☎ 052-251-5161
中区大須 3-42-3
11：00 ～ 20：00（水曜休）
地下鉄名城線・鶴舞線「上前津駅」8番出口から徒歩4分
レッスンのスケジュールや通信販売はHPからどうぞ！
http://pukio.jp/

ブラジルのものなら何でもブラジル「よろづや」

ブラジル雑貨

Styllu’s

「店内の階段を降りたら、そこはもうブラジル」。階段の横に掛かっているその看板通り、地下1階の売り場には、ブラジルから直輸入した食品、コスメ、CD、DVD、雑誌、書籍が所狭しと並ぶ。

中でも人気なのが、「飲むサラダ」とも呼ばれ、ビタミン・ミネラルが豊富に含まれたマテ茶の茶葉（260円～）。レモン味やシナモン味も取りそろえている。もう一つの人気商品はブラジル製のロールオンデオドラント（制汗剤）。一本980円～と日本製のものに比べると割高だが、一塗りで24時間効果が持続すると評判だ。その他、多民族国家ブラジルならではの、様々な髪質に合わせたシャンプーやリンスもあり、くせ毛に悩む日本人も重宝するという。

地上1階の売り場では、セクシーなブラジリアンファッションが、色とりどりに並ぶ。デニムジーンズはヒップに丸みのあるデザインで、穿くとプリッと上がった美尻に。

セクシーなブラジリアンスタイルのファッション

スタイルス
Styllu’s

☎ 052-242-2495
中区大須 3-42-32
11:30 ～ 20:00（水曜休）
地下鉄名城線・鶴舞線「上前津駅」8番出口から徒歩3分
楽天での通信販売も。
http://www.rakuten.co.jp/stylish-b/

木の温もりで 心も頭も柔らかく

ドイツの木製のおもちゃほか
Wooden Toys & Zakka alt

店名のaltはドイツ語で、「味わいのある」という意味。「〝あると〟という音の響きも気に入って」と店長の伊藤さん。

赤い可愛らしい外観の店の中には、まさにaltな木製のおもちゃや人形が並ぶ。

商品はすべてホームページやカタログを見て伊藤さんが自ら選んだもの。子ども用にお薦めなのはグリム社の商品だそう。シンプルな色づかいとユニークなデザインが子どもの想像力を引き出す。「一つだけの遊び方でなく、自由に遊んで、子どもがいろいろな世界を作り出していってくれると嬉しい」と伊藤さん。

「ここでしか手に入らないもの」をたくさん置くことが目標。店内にある煙り出し人形はその一つ。今後、種類も増やしていく予定だという。

将来は、子どもが遊べるスペースやカフェを併設し、子どもも大人もゆったりと楽しめる場所を作りたい、と伊藤さんの夢は広がる。

Wooden Toys & Zakka alt　あると

☎ 052-231-2225
中区大須 2-18-19
11：00 ～ 17：00
（水曜休）
地下鉄鶴舞線「大須観音駅」2番出口から
徒歩3分

大須でアジア文化 体験ツアー！

アジアカルチャー講座
亜細亜大陸アカデミー

太極拳、気功、ムエタイ、二胡、書道、中国語、タイ語…アジアを感じられる講座が目白押し！

講師陣は各協会での師範取得など確かな実績を持つ。語学の講座ではショッピングの時に使える言葉や、現地の危険な場所や観光スポットなどの情報も得られるため、旅行前の受講にも最適。月4回コース5000円、チケットコース6枚綴り1万円、11枚綴り1万8000円の受講料で、多彩な講座を好きな時に受講できるので、色々チャレンジしてみたい。

アイリッシュダンスやアフリカ太鼓など、アジアを飛び出た講座も。講座でお腹を空かせたら、同じ建物内のレストラン「ブンガラヤ」で本格的なマレーシア料理を楽しもう。

アフリカの太鼓「ジャンベ」「ドゥンドゥン」講座の様子。リズムに自然と体が動き出す！

亜細亜大陸アカデミー

☎ 052-251-1016
中区大須 4-1-11
10：00 ～ 18：30（水曜休）
＊東南アジア料理ブンガラヤ
11：00 ～ 15：00、17：00 ～ 21：00
地下鉄名城線「矢場町駅」4番出口から徒歩3分
開講スケジュールは、http://www.ajiatairiku-academy.com/asia/ またはブログ：http://blog.goo.ne.jp/asia_tairiku_academy で。

各国のフェスティバルに参加してみよう！

名古屋では年間を通して、さまざまな国のフェスティバルが開催されている。その一部をご紹介しよう。

ラテンアメリカ　フェスティバル名古屋大須

第4回目となった2013年は、4月21日に開催。ラテンアメリカ・フェスティバル実行委員会プキオ主催。大須ふれあい広場（まねき猫）を主な舞台に、ペルーやボリビアの民族音楽と踊り、ラテンダンスのサルサ、メレンゲ、タンゴなど、歌と踊りを一日中楽しむことができる。パレードもあって、大須商店街を練り歩く。

写真提供：ラテンアメリカ・フェスティバル実行委員会プキオ（左端のみ）

タイ　フェスティバル in 名古屋

2013年は、5月25日、26日に開催された。タイフェスティバル in 名古屋実行委員会主催。タイ舞踊やムエタイのステージパフォーマンスは必見。タイレストランゾーンでは、タイ料理屋台がずらり。本場の味を楽しめる。カルチャーゾーンでは、タイマッサージや大使館などのタイ文化紹介コーナーもある。

【このほかにもたくさんのイベントがあるので、ホームページなどでチェックしてみよう！】

ハンガリーフェスティバル in 愛知（愛知県ハンガリー友好協会主催）／セント・パトリックス・デー・パレード名古屋（アイリッシュ・ネットワーク・ジャパン 名古屋主催）／名古屋中国春節祭（名古屋中国春節祭実行委員会主催）／名古屋オクトーバーフェスト［ドイツのビール祭り］（東海テレビ放送・中日新聞社・東海ラジオ放送主催）／ベルギービールウィークエンド名古屋（ベルギービールウィークエンド実行委員会）／ワールド・コラボ・フェスタ［国際交流・国際協力・多文化共生などをテーマとしたイベント］（ワールド・コラボ・フェスタ実行委員会）……

久屋大通公園にある異国？

公園内のリバーパークやロサンゼルス広場には、名古屋市の姉妹都市であるメキシコ市・ロサンゼルス市・南京市・シドニー市のモニュメントが置かれている。

アステカの暦（1978 年寄贈）

コヨルシャウキ（月の女神、1980 年寄贈）

白頭鷲の像（1984 年寄贈）

ハリウッドスターのサイン

華表（古代中国の建築、1980 年寄贈）

イギリス船「シリウス号のイカリ」（1990 年寄贈）

名古屋市国際交流展示室

名古屋市と姉妹友好都市提携を結んでいる都市から贈呈された記念品（約 200 点）を展示している。
☎ 052-953-0333
中区三の丸 3-2-5
9:15~16:45（休館日：土・日・祝・年末年始）
地下鉄名城線「市役所駅」3 番出口から徒歩 3 分。入場無料

異国への窓

名古屋モスク

相互理解の場&ムスリムの心の拠りどころ

名古屋モスク外観

1980年以降、名古屋では外国人居住者が増え始め、礼拝所の必要性を感じたムスリム（＝イスラーム信徒）有志がアパートの一室を借りて金曜日の礼拝を行うようになった。その後も、名古屋における外国人ムスリムは増え続け、国際結婚により名古屋を生活の基盤とすることを選んだ外国人らを中心に募金活動がおこなわれ、現在の場所に土地を購入しモスクを建設した。

現在、名古屋市とその周辺に暮らすムスリムは3000人ほど。毎週金曜日には集団礼拝をおこなっており、名古屋市近辺から250～300人のムスリムが名古屋モスクにお祈りに訪れる。モスクはムスリムたちの生活相談や情報交換の場として欠かせない存在だ。

モスクを相互理解の拠点に

名古屋モスクでは、ムスリムではない方の見学も受け付けている。近年は学校からの訪問も増えているそうだ。代表役員のクレシアブドルワハブさんは「たくさんの人にモスクを訪れてほしい。これまでに世界で起きたテロの影響もあり、イスラーム＝テロリストと思われてしまうことが多い。訪問してもらうことでイスラームに対する誤解が解けると良い」と語る。

お茶会&女性勉強会

毎週土曜日にはお茶会を開催。15時から19時は女性お茶会、19時から21時は男性お茶会がおこなわれ、多いときには40～50人参加することもある。その他、女性勉強会を定期的に開催。国際結婚した日本人女性も参加している。お茶会、勉強会、いずれもムスリムでない方も参加できる。「ぜひムスリムと話をして仲良くしてほしい。イスラームを勧めることはしないので、コミュニケーションをとってほしい」とクレシさん。

メッカの方角に向かってお祈り

名古屋モスク

☎ 052-486-2380
中村区本陣通 2-26-7
10:00 ～ 21:00
地下鉄東山線「本陣駅」3番出口から徒歩4分、名鉄「栄生駅」から徒歩5分
http://nagoyamosque.com/

異国への窓

JICA中部 なごや地球ひろば

国際協力についての視野を広げる体験型施設

　2009年、中村区ささしまライブ24地区に誕生。開発途上国の暮らしや文化、いまの世界が抱えている問題を気軽に体感できる施設だ。開発途上国への国際協力機構（JICA）中部国際センターの運営で、「体験ゾーン」「買物ゾーン」「食のゾーン」に分かれている。体験ゾーンでまず目にとまるのは、世界の人口時計。71億…刻々と変わる数字の、まさに自分もその一人と実感して奥に進もう。

　取材時はアフリカ特集の展示。日本の食文化を支えるウナギがマダガスカルから来ていたり、タコの60％がアフリカから日本に来ているなど、意外な事実をちょっとしたクイズ感覚で知ることができる。ほかにも多彩な体験キットがあり、貧困、教育、保健など、途上国の問題をわかりやすく学べる工夫が随所にある。

　案内スタッフが常駐しているので、疑問点にもすぐに答えてくれるだろう。

体験ゾーン

【買物ゾーン】フェアビーンズ

「買物ゾーン」にあるのが「フェアビーンズ」なごや地球ひろば店。

　買い物から国際貢献できるのがフェアトレードだ。「身近に国際協力を感じてほしい。大きなことをしなければというハードルはない。本当に簡単なことなので」と店長の木村瞳さん。

　主力商品のフェアトレードコーヒーはもちろん、JICA青年海外協力隊員が帰国後も現地とのつながりを大切して手がけた商品も

店長の木村瞳さん。商品の向こうの生産者の想いを丁寧に話してくれます

置いてある。たとえばガーナ北部のズオ村の天然素材から作られた保湿クリーム・シアバター。村の現金収入にもなり、若い世代には自らの文化に誇りをもつことにも繋がる。日本とアフリカのかけはしとして商品化したものだ。

「気持ちが入っている」商品をこれからも届けていきたいという。

【食のゾーン】カフェ クロスロード

「食のゾーン」は、食から世界に親しんでいただこうというコンセプト。週替りのランチメニューがある。各国の研修員さんからレシピを聞いたり、途上国に派遣された青年海外協力隊の隊員から直接聞いた情報をもとに考案。まさに各国の現地の味だ。

アジア・アフリカなどのエスニック料理ということで、辛すぎやしないかという心配はご無用。本格的な料理を目指しつつ、高齢な方、子どもにも配慮し、激辛ではない。広く市民の方々に途上国を知っていただきたいと、価格もお手頃。食べやすさ、価格の安さ、親しみやすさの「やすさ」三拍子である。

1食につき20円の寄付金付TABLE FOR TWOメニューもある。アジア、南米など途上国のビールも6種類常備。

（上）日替わりランチセット（700円）。取材時は、ガーナ風ジョロフライス、ミニサラダ、野菜スープ
（中）デザート例　クリームチーズブリュレ
（下）アラカルトメニュー例　中東風ラムカバブ

ランチセットは、フェアトレードのコーヒーと紅茶付。

ＪＩＣＡ中部
なごや地球ひろば

☎ 052-533-0220
中村区平池町 4-60-7
体験ゾーン　10:00 ～ 18:00
買物ゾーン　平日 10:00 ～ 17:00、土日 10:00 ～ 17:30
食のゾーン　11:30 ～ 21:00
（月曜・祝休館）
JR・地下鉄「名古屋駅」から徒歩 13 分
http://www.jica.go.jp/nagoya-hiroba/

タイ・インドネシア料理＆雑貨

カフェ アヤム Kafe Ayam

所狭しと並んだアジア雑貨から自分だけの宝探し

タイ好きの林幸治さんとバリ好きの葉子さんご夫婦が、2004年に開店したタイとインドネシアの本場の味とステキな雑貨を詰めこんだ「アジアごはんと雑貨のお店」。

店名の「アヤム」はインドネシア語で〝にわとり〟の意味。バリ島では〝にわとり〟はペットとして人々に愛される存在だという。店内にもかわいい〝にわとり〟のイラストが描かれている。

タイとバリ島の料理学校で腕を磨いた幸治さんが作る料理には、現地で使われているものと同じ香辛料とハーブが使われ、まさに本場の味。

また、「1人できたお客さまでも色々な味を楽しめるように」と考案したセットメニュー（メイン料理＋おかず2種類＋サラダ）は、お客さんにも大好評だ。

店内に所狭しに並んだ色とりどりの服飾雑貨は、お客様に長く愛用してもらいたいという思いから、葉子さん自身がタイやインドネシアから品質にこだわって買い付けてきたもの。お気に入りの一点を見つけるのも楽しみだ。

平日ランチはドリンク付きで780円～、休日ランチはドリンク・デザート付きで1100円～。

定期的に出店している地域のイベントでもお店の味が味わえる。（出店情報はお店のホームページで確認を）

タイ・インドネシア料理＆雑貨
カフェ アヤム Kafe Ayam

☎ 052-763-5671
千種区日和町 3-32
11:00 ～ 21:00（日・祝日～ 19:00）（水曜、第 3 火曜休）
地下鉄東山線・名城線「本山駅」1 番出口から徒歩 5 分
http://kafeayam.com/
Facebook：https://www.facebook.com/kafeayam

グリーンカレー（サラダ／ライス付）780円

トムヤンクン　980円

お店の壁にもお気に入りを見つけるチャンス

どれにしようか迷ってしまう。ピアス
1050円

店内にあるガイドブックを見て
ゆっくり旅行の計画も

インド料理

ガンダーラ

本場インドの味を再現！　おいしくてリーズナブル

「インドのカレーを日本のお客様に試してもらいたい」

　そう語るのは、店主のカンデルさん。2000年に名古屋駅西側の閑静な住宅街にインドレストラン「ガンダーラ」を開店した。

　豊富なカレーメニューと店主カンデルさんの温かい人柄が人気を集め、子どもからお年寄りまで幅広いお客さんの支持を得ている。

　ひとたび店内に入ると、スタッフの皆さんに笑顔で迎えられ、思わずにっこり。店内に設置されたテレビからはインドのテレビ番組が流れ、雰囲気は本場そのもの。近隣のモスクでお祈りのある金曜日には、インド、パキスタン、スリランカ、バングラデシュ、インドネシア、マレーシアなどアジア出身のお客さんが多く訪れる。

　提供される食事は、「誰もが安心して食事を楽しめるように」との思いから、イスラム教の作法に従って処理されたハラルフードを使用している。

　店主カンデルさんの一押しは、近隣のモスクでお祈りをおこなう金曜日限定のビリヤーニセット（1000円）。ペルシア語で「炒めた」「焼いた」を意味するビリヤーニは、スパイス、米、肉、野菜を使った炊き込みごはんで、本場インドの名物料理だ。女性には嬉しいハーフサイズ（650円）も用意している。

インド料理　ガンダーラ

☎ 052-483-4521
中村区松原町 1-49
11:00 ～ 15:00、17:30 ～ 23:00（土・日曜日は 10:00 ～ 22:00）（第 1・3 月曜休）
地下鉄東山線「本陣駅」から徒歩 6 分、「亀島駅」から徒歩 8 分

一番人気はチキンバターマサラ（940円）

ヨーグルトラッシー（左）と
マンゴージュース（右）

全メニュー、テイクアウト可。
パーティーメニューも

店主のカンデルさんと奥さんのラクシミさん。2012年12月には、中村公園駅近くにインドレストラン「ナマステ」を新たに開店。一度食べたらクセになる、本場インドの味を試してみてはいかがだろうか

インド料理

店内に所狭しと並ぶインド絵画や装飾品

カフェ・ド・テンジク錦店

日本銀行名古屋支店の交差点を西へしばらく行くと、派手な店構えが目立つ。インド料理のカフェ・ド・テンジク錦店だ。

オフィス街にあり、「おいしい、安い、早い」をモットーにしているため、お昼の12時を過ぎると行列ができる。小さな入り口の奥にはミラービーズの装飾品やインド絵画が所狭しと飾られている。

オーナーの奥さん、バクシ・ウマさんはサリーに身を包み、店内の装飾と共にインドの雰囲気を醸し出している。「お勧めは？」と聞くと、「日替わりカレー」。カレーの種類は豊富なようだが、それ以外は勧めてくれない。ナンは注文の都度、生地を伸ばし、厨房にあるタンドールという窯で焼くので、香ばしくておいしい。

頑なに「日替わりカレー」を勧めるコックを横目にビリヤニも注文した。ウェイターのおじさんが「お願いしま〜す」と持ってきたのは、大盛りドライカレー。おじやかと思うくらい軟らかいご飯と硬いピーナッツの食感が面白い。

バクシさんご夫婦は1988年に来日。リトルワールドのインド料理店で働き、2002年に独立。丸の内に店を出し、04年に錦店をオープンした。

お金が貯まったら新しいお店をひとつずつ増やしていくのが夢だそうだ。

インド料理　カフェ・ド・テンジク錦店

☎ 052-204-1522
中区錦 1-2-12 チサンマンション第 2 錦 101
10:00 ～ 15:00、18:00 ～ 22:00（無休）
地下鉄鶴舞線「丸の内駅」から徒歩 4 分

バターチキンのカレー（日替わりカレー）980円

インドの装飾品と絵画が並ぶ店内

ビリヤニ　1050円

厨房に立つコックさん

インド料理

ドゥムダラカ

インド音楽と映像が流れる店内はインドムードたっぷり

インドのホテルでシェフとして働いていたオーナーシェフのシャルマ・バイクンツさん。23年前に日本を訪れて金沢のインド料理店で15年、その後独立して名古屋にお店を開店して5年目である。今は、家族を交えてお店を切り盛りしている。

店名の「ドゥムダラカ」は、お祝いの時に使われる言葉で、お客さんに楽しんで、喜んでもらおうという意味が込められているそうだ。

料理は北インドのカシミール地方の伝統料理。インド料理の特徴は様々な香辛料を多用することだ。一口にカレーというが奥深い。百種類を超えるスパイスをチキン、魚に応じてブレンドして調理する。

ヨーグルトも自家製。ナンはインドから取り寄せた窯で、炭火で一気に焼く。パリパリでもっちりで美味しい。

おすすめのバターチキンカレーはスパイシーだけれどマイルドな味わいだ。タンドリーチキンやラム（子羊肉）の炭焼きにぴったりの、北インドのカシミール地方のワイン「ラレゼレブ」やビールも一度試してほしいとシャルマさん。ベジタリアンセットも用意されている。ランチは2種類のカレーとタンドーリチキンが付いたスペシャルセット（1200円）が人気だ。

インド料理　ドゥムダラカ

☎ 052-783-0597
千種区猫が洞通 4-27 ウェザーフィールドビル 2F
11:00 ～ 14:30、17:00 ～ 22:00（無休）
地下鉄東山線・名城線「本山駅」2 番出口から徒歩 5 分

人気のランチメニュー
　2種類のカレーとタンドリーチキンが付いたスペシャルセット
1200円

店内はインドの装飾品で彩られインド気分

インドのビールとワイン

左：キングフィッシャービール　600円
中央：ラレゼレブ（ワイン赤）
右：ソヴィーニヨンブラン（ワイン白）
　　グラスワイン　500円〜

ナンは炭火で一気に焼く

中央がオーナーシェフのシャルマさん、
お店のスタッフと

スリランカ料理

えーが屋ぁ

エスニック料理と居酒屋メニューが融合！

おしゃれな四谷通りに「えーが屋ぁ」という看板は意表を突くが、スリランカ料理と居酒屋を融合させた面白い店だ。

1999年11月にスリランカ料理店「ロータス」としてオープンしたが、7年前スリランカ居酒屋になった。

店長ナリンダさんのお勧めは本場スリランカ料理ばかりで、日本人に馴染みのある居酒屋を通して、スリランカの味を広めたいのだそうだ。

コットゥ・ロティはカレー味の焼きうどんのよう。デュワットはチキンと野菜を炒めたかなりスパイシーな味。カレーはインドと違いココナッツミルクが入るのでちょっとマイルド。

スリランカではカレーにはご飯だが、人気があるのでナンも作る。インドのナンよりちょっと甘め。

スリランカビールの「ライオン」も美味しいが、「アラック」というココナッツのウイスキーは飲みやすい。

「バティック」（ろうけつ染め）が飾られている壁を見ながらスリランカ料理を楽しんで、気分はもうスリランカ！　でも振り返ると、居酒屋メニューの短冊と焼酎の並ぶ見慣れたカウンター。そのカウンター越しに見えるのは、コック服姿のスリランカ人従業員達。

酔っ払う前に「ここはどこ？」状態になれるかも。

スリランカ料理　えーが屋ぁ

☎ 052-788-2522
千種区四谷通 1-3 トップノッチビル 2F
（火～木、日）11:30 ～ 14:30、17:30 ～翌 1:00
（金、土、祝日の前日）11:30 ～ 14:30、17:30 ～翌 2:00
地下鉄東山線・名城線「本山駅」5 番出口から徒歩 5 分
http://www.site-builder.jp/1085/eegaya/

店長一押しのスリランカ料理、コッタ・ロティ
880円

スパイシーチキン　780円

春巻き　480円

スリランカカレー　900円

座敷もある店内

異国の窓

フェアトレード・ショップ 風"s（ふ〜ず）

「おかげさま」で暮らせる街のための情報と人の交差点

いつもエネルギッシュな土井さん。お店は若いスタッフにある程度まかせ、行政との話し合い、国際理解教育のワークショップや講演などに駆けずり回る日々

愛知県女性総合センターウィルあいちに、コーヒーやチョコレート、オーガニックコットンの服などがところ狭しと並ぶお店がある。フェアトレード（公正貿易）商品や、福祉作業所の商品など、その数約1000点。「フェアトレードの森」といった店構えだ。

名古屋をフェアトレード・タウンにしよう会、フェアトレード名古屋ネットワークの事務局でもある。1996年に開店。風"sという店名は、「風にのって情報が行き交う場に」という、代表の土井ゆきこさんの願いが込められている。

まずは店内で一つひとつの商品を手にとってみよう。例えば、ECO・BLACK（エコブラック）というコーヒー。中身はエクアドルの生産者から仕入れたもので、森林農法の有機栽培豆を使用。容器は間伐材使用の紙パックで、リサイクル可能。中身も容器も森を守ることに繋がる商品だ。パッケージに描かれているのはエクアドルの民話に出てくるハチドリ。山火事で動物たちが逃げ出す中で、小さなハチドリは、「いま私にできることをやるだけ」と、くちばしで水滴を運びつづけるという物語は、日本でも静かな共感を呼んだ。

このように、商品とともに、さまざまな物語を運んでくれるフェアトレード。いま飲んでいるコーヒーはどこから来たのか。食べているチョコレートは？　着ている服は途上国の女性が女工哀史のような環境のなかでつくったものかも？

フェアトレードとは何か。土井さんはこう定義する。「おかげさまで生きているという気持ちになるためのツール」。世界と否応なく繋がっている私たち。遠い外国の問題ではない。自然や世界の人々、地域の人々とどう繋がるか、店頭で思いめぐらしてみたい。

ECO・BLACKコーヒーやクッキーなどが盛りだくさん

フェアトレード・ショップ風"s

☎ 052-962-5557
東区上竪杉町1ウィルあいち1F
10:00〜18:00（日曜17:00まで、ウィルあいち休館日休み）
地下鉄名城線「市役所駅」2番出口から東へ徒歩10分
http://www.nagoya-fairtrade.net/

異国への窓

揚輝荘

遊び心あふれた各国様式のユニークな建物群

北園の池に架かる白雲橋

名古屋に居ながらちょっとした異国情緒を味わえる場所が、千種区覚王山の日泰寺近くにある。松坂屋初代社長の伊藤次郎左衛門祐民《すけたみ》（一八七八—一九四〇）が開いた別荘・揚輝荘《ようきそう》だ。

1918年（大正7）から昭和初期にかけて、約1万坪の敷地に和・洋・インドなどの建築様式を取り入れた約30の建物群が移築・新築されたという。

現在は名古屋市に寄付され、庭園と5棟の市指定有形文化財が残る。北園と南園に分かれ、NPO法人揚輝荘の会が指定管理者として保存活用にあたっている。

北園には池泉回遊式の庭園があり、いまも幽玄な雰囲気を保つ。尾張徳川家の茶室に洋間が合体した建物は伴華楼《ばんがろう》。和洋折衷の斬新さと風格を兼ね備え、細部にはさまざまな意匠がある。じっくりと見学したい。

南園には移築前に日本初の女優・川上貞奴《さだやっこ》が一時住んでいたといわれる揚輝荘座敷（現在非公開）、そしてこのほど修復整備を終えて一般公開された聴松閣《ちょうしょうかく》がある（本書3ページの写真）。国内外の著名人が出入りし、アジアの留学生も受け入れていた迎賓館だ。修復中に外壁が赤ベンガラ色だったことが判明。建てられた当時の姿に蘇った。

内部はインド間、英国間、中国間、和室など、国際色豊か。地下はインドの留学生だったパルク・ハリハランによる壁画、ヒマラヤのガラス彫刻、女神のレリーフなど、インド様式の意匠になっている。

定例となった春と秋の園遊会、お月見コンサート、国際交流会に加え、聴松閣では揚輝荘や祐民について紹介する常設展示や、建築を請け負った竹中工務店の匠の技を紹介する企画展示もあり、祐民の書、絵、芸能関係の資料の公開も予定されている。一階にあった食堂は喫茶室として利用。飲み物やスイーツ、揚輝荘ゆかりのハリハランのインドカリーも提供する。

館長の佐藤允孝さんは、「城山・覚王山エリアのランドマークになるように、またまちづくりの交流拠点となるように管理運営していきたい」と話している。

揚輝荘

☎ 052-759-4450
千種区法王町 2-5-17
9:30 ~ 16:30（月曜休、祝日の場合は翌平日）
地下鉄東山線「覚王山駅」1 番出口から北へ徒歩約 10 分
聴松閣観覧料一般 300 円、中学生以下無料、定期観覧券 1200 円。北園は無料、伴華楼内の見学は要事前申込。
http://www.yokiso.jp/

チベット仏教寺院　強巴林　チャンバリン

名古屋に建立された日本初の本格的チベット寺院

五色の旗「タルチョ」が風にひるがえる。チベット仏教の経文が印刷された青・白・赤・緑・黄は、それぞれ空・風・火・水・地を示す色。名古屋の風にチベット仏教の教えが広がっていく願いがこめられている

名古屋市に新たに合併編入された頃には、冗談で「名古屋のチベット」と呼ばれたこともあった守山区の丘陵地に、「日本初のチベット仏教寺院」が存在することを知る人は少ない。

名古屋の都心を遠望できる高台にある倶利加羅《くりから》不動寺の女性住職との縁《えにし》により、チッベトのラサにあるジョカン寺（世界遺産でもあるチベット最古の寺）を模する形の本格チベット寺院が、その高僧の許しのもとに苦難の末に完成したのが２００５年のことだ。

竜泉寺街道からいやでも目に入る金色の不思議な形の屋根に、タルチョと呼ばれる五色のチベット式の旗がはためく光景に、引き寄せられるように足を運んでみる人もいるようだ。

石段を登りその内部を参拝し、御本尊の釈迦牟尼《しゃかむに》像

ラサの中心寺院であるジョカン寺は、チベット全土からの巡礼者の「一生に一度はお参りしたい」という熱気と祈りがいつも満ちている神聖な古寺である。そのご本尊をそっくり写した釈迦牟尼像が、守山の地に静かに鎮座している

チベット仏教寺院強巴林《チャンバリン》

☎ 052-736-4888
守山区青葉台 101
名古屋ガイドウェイバス・ゆとりーとライン「竜泉寺」バス停から徒歩５分
http://chambalin.com/

とその内陣を目にすれば思わず声をあげるかもしれない。地元の建築業者がラサにまで足を運び、神聖なるその内陣にまで入りこみ実測までした末に、遠く名古屋の地に再現された経緯を知るにつけ、感慨も湧くというものだ。

もともとはチベットからこの寺を訪れる僧侶の宿舎でもあったという道路わきの建物が、チベット料理もある「カフェ　パルコル」として営業も始めた。チャンバリン参拝の後に、チベット土産も扱っている「寺カフェ」でゆっくりするのもいいだろう。

堂内には多くのチベット式の仏画「タンカ」が祭られている。一階の壁には、お釈迦様の生誕から寂滅までを伝える精緻なタンカが、2階には守護尊や護法神や宗派の開祖である高僧のタンカが並んでいる

寺院の内陣は鮮やかに彩られている。チベット寺院を訪ねたことのある人なら、本格的な造形を間近に拝観できることに驚かされることだろう

「カフェ　パルコル」の内部。パルコルとは、ジョカン寺の周りをめぐるラサのメインストリート。いつも多くの巡礼者が、時計回りに経文を唱えながらいつまでもいつまでも歩き続けている

チベット風すいとん
トゥクパ 580円

Wカレー（チベットハーフ／トマトハーフ）850円

カフェパルコル
10：00～18：00
http://cafe-parcol.com/

ベトナム料理

ホンハ Hong Ha

ベトナムの家庭の味を、ハーブをたっぷり添えて

ベトナム料理は日本人の口に合うらしい。タイ料理のように辛くはなく、ハーブを豊富に使って野菜も多いので、ヘルシーで特に女性に人気だ。

以前は昭和区川名にお店を構えていたが、5年前に現在の天白区八幡山に移転した。「ホンハ」という店名は赤い河という意味で、ベトナム北部にある河の名前だそうだ。

オーナーのヴィキムトァさんは南部出身で、家族でお店を切り盛りしている。南部の料理は比較的甘めで薄味が特徴だそうだ。

店内は清潔感あふれ、木彫りのレリーフや置物もベトナムの雰囲気を盛り上げる。ベトナムの暖かい家庭の味を楽しんでほしいとヴィキムトァさん。

おすすめはゴイクォン（生春巻き）。タレはピーナッツが入った味噌ベース。名古屋の赤味噌にかなり近い。パンセオはお肉や海老、もやしが入ったベトナム風お好み焼き。レタスに香菜やバジルなどハーブたっぷり入れてお好み焼きを包み、甘酢たれをつけて食べるのがベトナム風。

そしてベトナム風うどんのフォー（お米の麺）。これもハーブたっぷり。好みで辛味調味料や、ニョクマム（魚醤）を入れると独特の風味のアジアンテイストになる。

ランチはフォーと春巻きのセットなど840円とお値打ちだ。

ベトナム料理　ホンハ Hong Ha

☎ 052-835-8533
天白区八幡山 734-1
（平日）11:00 ～ 15:00、18:00 ～ 24:00
（月曜休）
（土・日・祝日）11：00 ～ 24：00
地下鉄鶴舞線「塩釜口」3番出口から徒歩5分

パンセオ（ベトナム風お好み焼き）998円

ハーブをたっぷりのせて……フォーポー（ベトナム風牛肉うどん）788円

ゴイクン（生春巻き）735円
海老など中身がいっぱい詰まった生春巻きは食べごたえがある。特製味噌ダレでいただく

オーナーのヴィキムトァさん

優しい灯りにつつまれた店内

ベトナム料理

トゥ・アン Thu an

ヘルシーでおいしい本場ベトナムの家庭料理

ベトナムの魅力は第1に「人間から感じるぎらぎらしたエネルギー」、第2に「食べ物が美味しくて安い」、第3に「女性が綺麗」だと語るオーナーの荊谷敦司さん。

初めての海外旅行で行ったベトナムにすっかり魅了され、留学してベトナム語を学びながら庶民のディープな生活を体験後、脱サラして1999年1月にトゥ・アンをオープンした。Thu an（トゥアン）とは「おだやかな秋」という意味で、米の収穫後に「やれやれ、ほっとした」と安心感に満ち足りた時に使われる。

店内は竹細工の壁にベトナム人画家が描いた風景画がいくつも飾られ、厨房ではベトナム語が飛び交う。ベトナム料理と言えば生春巻きが有名だが、他にも多彩な料理がある。青パパイヤのサラダはシャキシャキした食感が美味しい。牛肉の黒胡椒炒めはフランス文化との融合を感じる。魚のヌックマム（魚醤）煮はベトナムの定食屋の定番メニューで、ごはんにぴったり。米粉で作った麺をフォーとは違うスープで仕立てたフーティウは五目そばのよう。ランチバイキングでは常時15〜18種類の料理が日替わりで登場。

熱い思いのオーナーだが、ベトナムの儒教的道徳観から生まれる家庭的な温かさを感じられるお店を続けたいそうだ。

ベトナム料理　トゥ・アン Thu an

☎ 052-836-6701
昭和区広路町石坂 80-18 サン八事ビル 2F
11:30 〜 14:00 、18:00 〜 23:00（水曜休）
地下鉄鶴舞線・名城線「八事駅」4 番出口から徒歩 4 分
http://www.thuan.jp/

フォーとはスープの違う塩味の五目フォー（フーティウ）819円

牛肉の黒胡椒炒め。黒胡椒のソースが極上　1029円

タピオカの粉で皮を作ったタピオカ籠包はモチッとした食感が特徴　714円

生春巻き　714円

＊ヘルシーで美味しいベトナム料理を多くの人に知ってもらうため、「ベト弁」と名づけられたお弁当の配達や街角販売もおこなっている。ベト弁の配達はお店から半径1～2km圏内と久屋大通周辺、街角販売は桜通りアーバンネットビル東側で、平日11:30～売り切れまで。

ベトナムの雰囲気たっぷりの店内

シンガポール料理

マーライオン MERLION

ランチにデートに飲み会に、ニーズに合わせて

シンガポールの象徴的存在であるマーライオン。シンガポールでは誰しも一度は訪れる観光名所だろう。そんなマーライオンのようにシンガポールを象徴する料理を提供してくれるのが、このお店だ。1990年にシンガポール人の父が開店したこのお店を、世代が変わり、息子である今の店主が2013年3月に内装を全面的に変更し、リニューアルオープンした。

「なによりもお客様の空間を大切にしたい」、と語るご主人の思いが形になった店内は、兼ねてより要望の多かった団体のお客様が入れるよう、テーブル席を増やした。最大で40人ほどのお客様を歓迎できるという。スタイリッシュな店内で、ゆっくりと会話を楽しんでいただけるだろう。

様々な年代の男女が訪れる理由は豊富なシンガポールメニューとコストパフォーマンスではなかろうか。ランチメニューは一律735円、一番人気のマーランチでは、定番の青菜のスパイシー炒めのほか、揚げ物プレートなどボリューム満点だ。また、夜の営業ではコースメニューも用意されており、鶏肉の紙包み揚げをはじめ人気メニューを存分に楽しめる。

名古屋では珍しい、シンガポール料理専門店。フラっと立ち寄るもよし、週一のランチにもよし。専門店ならではのこだわりの料理をぜひお試しあれ。

シンガポール料理　マーライオン MERLION

☎ 052-711-0237
東区矢田 1-5-26
11:30 ~ 14:00（ランチ火~金）
17:30 ~ 24:00（ディナー日・火~木、ただし金・土は翌 2:00）
（月曜休）
JR 中央線　名鉄瀬戸線・地下鉄名城線「大曽根駅」から
徒歩 3 分

蟹のチリソース
950円＋税

鶏肉の紙包み揚げ　500円＋税

青菜のスパイシー炒め 550円＋税

リニューアルした
スタイリッシュな
店内

タイ料理

サイアムガーデン Siam Garden

タイ現地ホテルのスタイリッシュな料理を提供

名古屋の中心部を流れる堀川。そこに架かる橋のひとつ「納屋橋」が鋼製アーチ橋として架橋されたのは、1913年のこと。2013年に100年の節目を迎えた。

その橋のたもとで静かに時を重ねてきたのが旧加藤商会ビルだ（2001年、国の登録有形文化財に指定）。煉瓦調のタイルや柱頭飾りなどが目を引く。戦前はシャム国（現在のタイ）の領事館でもあったという。

2005年に開店。地下には堀川の情報の収集・発信スペース「堀川ギャラリー」があり、ビル全体がこの地区の新しいランドマークとして生まれ変わった。店内は飾り天井に漆喰の壁、往時そのままの窓からは、堀川の柳が見える。レトロモダンな雰囲気の中でゆったり食事を楽しめそうだ。

「タイ料理は辛い、甘い、酸っぱいの三つのバランス、そして香りが大切なんです」とマネージャーの横田弘政さん。タイの五つ星レストランで腕を磨いたシェフが提供する品々は上品で繊細。彩りも鮮やかだ。

来年で10周年を迎えるが「名古屋でもっとタイ料理を広めたい」というお店のコンセプトは変わらない。メニューには、少しずつ西洋の料理が入ってきているというタイ現地のトレンドを取り入れたり、料理教室やタイの地方料理フェアなども開催する。

タイ料理　サイアムガーデン Siam Garden

☎ 052-222-8600
中区錦 1-15-17 旧加藤商会ビル 1F
11:30-14:30 、17:30-22:00（第 1・3 日曜休）
地下鉄東山線・鶴舞線「伏見駅」8 番出口から徒歩 5 分
http://www.siamgarden.jp/

トム・ヤム・クン（海老のスパイシーサワースープ）1600円

ポピア・ユアン（海老とタイバジルの生春巻き）1100円

ゲーン・キアオ・ワーン・ガイ（鶏肉のグリーンカレー）1200円

ランチプレート　パッタイ（タイ風焼きそば）＊パッタイは平日限定のワンプレートランチ。メインのチョイスは7品より1品・サブメニュー3品から1品〈ミニサラダ・デザート・ドリンク〉をチョイスで1000円とお得

ゆったりと落ち着いた店内

タイ料理

ソンブン

気軽に楽しめる本場仕込みの絶品料理

寿司屋の店舗をそのまま使ったタイ料理居酒屋ソンブン。カウンターは10席ほどで、ふたり掛けの小さなテーブルがひとつ。寿司ネタケースには生花、壁にはタイの風景画や写真が飾ってあり、タイの雰囲気を醸し出している。

２０１３年２月にこの店をオープンする前は、同じビルの２階でもう少し広い店をやっていた。今でも大勢の予約が入ったときは使うそうだ。女将さんといっても良いようなオーナーのポンさんと差しでもタイ料理が楽しめるおもしろい店だ。

カウンター越しに出てくるタイ料理は本場の味そのままで絶品。それもそのはず、シェフはバンコクのヤワラート（中華街）出身の凄腕。お勧めはもちろんトムヤンクン。ここのはかなり濃厚な味付けだった。また、ピリッと辛い海老春巻きにちょっと甘いナムチンモアイという梅と蜂蜜のソースを付けて食べると、おもしろい味になる。

どの料理にも有機栽培されたフレッシュハーブをふんだんに使い、本場のタイ料理を提供することでオリジナリティーを出したいとポンさんは語っていた。

ソンブンとは「パーフェクト」という意味で、特に健康に関する言葉として使うそうだ。まだこれから新しいメニューを出す予定だとか。今後期待できるお店だ。

タイ料理　ソンブン

☎ 052-242-0103
中区栄4-4-9 西新ビル
（月～金）11：30 ～ 14：00、17：00 ～ 24:00
（土）17：00 ～ 24:00、祝日ランチ休み
（日曜休）
地下鉄東山線「栄駅」12番出口から徒歩5分

ポピァクン（海老春巻き） 1200円

パッブンファイデン（青菜炒め） 1000円

トムヤンクン 1500円

ソムタム（パパイヤサラダ） 1200円

ヤンブンセン（春雨サラダ） 1200円

元寿司屋のカウンターをそのまま利用

アジア各国料理

ワルンプアン WARUNG PHUAN

アットホームな雰囲気でアジア各国の料理が楽しめる

オーナーシェフの北村滋さんと正美さんが夫婦で営むアジア料理の店。「自分たちがおいしいと思うものが基準」との北村さんの言葉通り、タイ料理、ベトナム料理、インドネシア料理、韓国料理などジャンルを問わず、さまざまな国の料理が味わえる。

グリーンカレーやナシゴレン、生春巻きなどの定番メニューに加え、カオソーイ専門家の究極のスープが味わえるKen's・カオソーイや濃厚なカレーが楽しめるオリジナル・カオソーイなど、ここでしか味わえないオリジナルメニューが人気だ。

パクチーは好きかどうか、辛さはどのくらいが好みかなど細かいことまで気を配ってくれる心遣いが嬉しい。材料や調味料はできる限り現地のものを使用しており、ドリンクもタイのジュースやタイのメコンウイスキー、バリのアラックなどが揃う。

店名のワルンはインドネシア語で食堂、プアンはタイ語で友達という意味。この食堂を通じて友達を、という北村さん夫婦の想いが込められている。

こじんまりとした店だからこそ感じられるアットホームな雰囲気が心地よい。オープン当初からずっと変わらず味とスタイルを守り続けている北村さん夫婦の姿勢がこの店の人気に繋がっているのかも知れない。

アジア各国料理

ワルンプアン WARUNG PHUAN

☎ 052-733-2173
千種区内山 2-20-19
（火～金）18：00 ～ 24:00、（土曜）18:00 ～ 23:00
（日・月休）
JR 中央線、地下鉄東山線「千種駅」から徒歩 3 分
http://www.warung-phuan.com/

グリーンカレーは一番人気のメニュー　800円

タイ北部のカレーラーメン・オリジナルカオソーイ
880円

青パパイアを使った辛いサラダ「ソムタム」880円

辛くて酸っぱい味がクセになる「トムヤムクン」
（写真は2～3人前）900円

インドネシア製のユニーク
な入り口のドア

テーブルの数が少ないので予約は必須

モンゴル料理

シンキロー

モンゴル遊牧民族の着る・食べる・住むを体感

シンキローという店名はあの蜃気楼から?と思ったらやはりそうだった。店長のボルドさんのふるさと、モンゴルゴビでは蜃気楼がよく見えるという。日本でモンゴル料理のお店を開きたいと考えていたボルドさん、名古屋を訪れて大都会なのに広々とした街並みが気に入り、すぐに名古屋で開店することを決めたという。

オープンは2007年6月。

草原で生きていく遊牧民族の人々は広い心を持ち、知らない旅人にも水や食べ物を与え、もてなす文化がある。そんなモンゴルの遊牧民族の伝統的な生活スタイル、住居を知ってもらいたいという思いから、店内は遊牧民族の住まい〝ゲル〟を模し、伝統衣装を着てモンゴル料理を楽しむことができる。

モンゴル料理は基本的にはシンプルな肉料理と乳製品だ。しかし、お店では野菜のサラダなども用意されている。おすすめはホルホグという石焼肉だ。真赤に焼いた石を肉鍋に入れて、ジュージュー肉を焼く昔ながらの料理。羊や牛を使うが、シンキローでは霜降りの肉が出される。

他にホーシュラ（大きな焼き餃子）、ブーズ（蒸肉饅頭）も人気だ。牛乳酒（牛乳を発酵して蒸溜）や沙棘《サジー》という現地で採れた果実の酒もおすすめ。

不定期だが馬頭琴のライブも開催される。

モンゴル料理　シンキロー

☎ 052-263-7731
中区栄町 4-6-40 岡崎ビル南館 2 F
18:00 ~ 23:30（予約の場合のみ早朝 3:00 まで）
（無休）
地下鉄東山線「栄駅」12 番出口から徒歩 4 分
http://www.mongol-shinkiro.com/

民族衣装を着てモンゴル流誕生パーティー

モンゴル伝統家屋“ゲル”内は円を囲むスペース

中央：ホルホグ（真っ赤に焼いた石で、焼きたてのお肉はジューシー）1200円
左：ホーシュラ（大きな焼き餃子）
1個250円

中国料理

延辺館《えんぺんかん》

中国語が飛び交う店内で本場の味をそのままに

中区栄の瓦町交差点の東にコリアンタウンのような街並みがある。そのはずれにある「延辺館」は、派手なネオンの看板がひときわ目立つ本格的中華料理の店だ。

「延辺」とは中国東北地方にある北朝鮮との国境に近い朝鮮族の自治州を指す。店の入り口には「東北菜館」とも書かれているため、東北地方の料理だとわかる。延辺料理は中華料理に朝鮮半島からの料理が融合したため、ピリ辛でかつ甘酸っぱいのが特徴。さらにモンゴルの影響も受けているから、メニューには羊の火鍋や串焼き、水餃子など、羊肉を使ったものも数多い。

日本語があまり通じない店員の方々のお勧めは「醤背骨」という豚の背骨の醤油煮込みと、「毛血旺」という血の塊、スジ肉、センマイと野菜を辛く煮込んだもの。確かに素材本来の旨味が出ていておいしい。ただし、料理のボリュームには圧倒される。大勢で訪れた方がいいだろう。

開店と同時に中国人の家族連れやカップルが何組も押しかけ、どのテーブルにも「醤背骨」が。店の奥では中国中央電視台（CCTV）が放送されていて、店内は店員の小娘達や客の中国語が飛び交う。ディープな中国を体験したいならお勧めの店だ。

中国料理　延辺館

☎ 052-242-3130
中区新栄 1-24-31 コーポグリーンハウス 1F
17:00 ～翌 5:00（無休）
地下鉄名城線「矢場町駅」1 番出口から徒歩 15 分
http://www.enpenkan.eei.jp/

どのテーブルにも載っている
醤背骨　880円

あっさりした干し豆腐のサラダ　450円

見た目はこってりだが、
意外と食べやすい毛血旺
880円

手作り点心のひとつである羊肉餃子は皮から自家製
680円

新疆ウィグル料理

香膳《かぜん》

元気で明るいオーナーのウィグル手延べ麺は絶品！

新疆ウィグル地区は中国の西域にある自治区。中心都市ウルムチはシルクロードの拠点として栄えてきた。そのウルムチから東方のモンゴル寄りにある都市ハミから18年前、オーナーの薛燕（ショウ・イエ）さんは日本にやってきた。日本の肉まん、餃子、美味しくない！ 自分で作ろうと5年前の2008年、守山区喜多山に開店した。

名古屋で唯一、おそらく全国でも珍しい新疆ウィグル料理店だ。ショウさんの手打ち麺の美味しさはまたたく間に大評判。幼いころから父親の代わりに麺うちをしていたという昔の作り方で、作り置きはしない。その場で手打ちした麺、ラグメンがいただける。だからショウさん、大忙しだ。ラグメンはラム肉、ピーマン、トマトの煮込み料理をかけていただく。お料理によって平打ち麺にもなる。

ウィグルの代表的なおもてなし料理ポロは、羊肉と人参のお米料理。炊くのではなく焼くのだと力説するショウさん。独特なスパイスの羊肉の串焼きや、マンタ（肉まん）、トゥギレ（水餃子）もおすすめだ。餃子は羊肉、ニラ、セロリ入り、セロリのシャキシャキ感が独特だ。

美味しさも格別だが、ショウさんの明るい人柄にうれしくなる。

新疆ウィグル料理　香膳

☎ 052-795-4133
守山区喜多山 2-2-14
11:30 ～ 14:00、17:30 ～ 21:00（火曜休）
名鉄瀬戸線「喜多山駅」下車 1 分（ホームから見えます）
https://www.facebook.com/silkroad.kazen/
マンタは全国宅配している

手前からラグメン（一人前780円）、ポロ、羊肉の串焼き

“マンタ”（まんじゅう）の種類はいっぱい。皮の材料は小麦粉、水、イーストのみ。無添加です！通信販売もおこなっている

ウィグルの人たちは、お客さんを招いて手作り料理でもてなすことが好き。
ウィグル民族衣装を着て、ラグ麺を打つショウさん！ コシがあってモチモチ

こじんまりした店内には新疆ウィグル地区の地図や情報の本も置かれている

広東料理

大牌檔《ダイパイトン》

安くて新鮮、おいしい屋台料理を提供

　長者町繊維街に赤い提灯が目立つ海鮮屋台だ。「大牌檔」とは中国語で屋台のことを言うそうだが、日本では、路面に厨房やテーブルを置くことはできない（道路交通法違反）ので、香港そのままの形はできない。屋台文化を知ってほしいと、オーナーの森康裕さんは旧知の金徳域さんと2012年11月にこの店をオープンした。

　店内は屋台風の装飾の上に、今もなお、香港に残る屋台風景が数多く飾られ、まるで屋台博物館のよう。本場、香港の屋台は安いが素材も良く、おいしいものが多いそうだ。

　お勧め料理は「殻付き海老の香港スパイシー」、香りがとってもよい。「特製肉野菜炒め」は豚足を柔らかく下ごしらえしてから野菜と炒めるので、食べやすい。「新鮮魚の蒸し物」はさっぱりとしてヘルシー。「小籠包」は熱い肉汁での火傷を防ぐため、箸で穴を開けてから食すと良いと、本場の屋台料理の何たるかを知る金さんのアドバイス。当店の売りは、海鮮と季節野菜のお勧め料理。

　屋台文化を切々と語ってくれたオーナーの森さんが目指す「大牌檔」は、長者町の常連さんや、会社帰りのサラリーマンが、一人でできてプラッと入れる気さくな屋台、仲間に会えて、一緒にお勧め料理をつまめるアットホームな屋台だ。

広東料理　ダイパイトン

☎ 052-222-0218
中区丸の内 2-19-12
11:00 ～ 14:00、17:00 ～ 23:30
（日曜休）
地下鉄桜通線「丸の内駅」4 番出口から徒歩 1 分

殻付き海老の香港スパイシー　900円

清蒸時鮮（新鮮魚の蒸し物）時価

小籠包　350円（2個）

麻婆豆腐　650円

屋台風の店内

韓国料理

百済《ペクチェ》

百済時代からの伝統を受け継ぐ本場韓国料理！

店名の百済《ペクチェ》は現在の韓国忠清道・全羅道地方を中心に発達した古代国家の名称である。朝鮮半島南西部にあたる。日本では、百済はクダラと学んだが、韓国語でペクチェである。この地方は穀倉地帯が広がっていることから、昔から「食の都」と言われてきた。

8年前（2006年3月）、名古屋で本場の韓国料理を食べてもらおうとオープンした。庶民的な石焼ビビンバやチヂミを始め、百済時代からの伝統を受け継ぐ宮廷料理が楽しめる。

一番のお勧めは漢方カンジャンケジャン。韓国西海岸の本物のワタリガニにこだわり、他ではなかなか味わえない。新鮮なワタリガニを漢方薬が入った自家製のタレで3日ほどねかせて丹精込めて作られる。最近はランチメニューにも加えられた。

他のランチメニューも豊富で百済定食は人気。メインは牛すじ煮込み、イカの野菜炒め、豚の野菜炒めの3種類から選べ、スンドゥブチゲ（豆腐がたっぷり入った鍋）も付いて、キムチやナムルなどのおかずは自由に食べられるのが嬉しい。

オーナーや店長が、食材にこだわりそして韓国の本当の味にこだわるだけあって、名古屋にいる韓国人が足しげく通うのも頷ける。

韓国料理　百済

☎ 052-731-9886
千種区仲田 2-19-16
（月～土）11:30 ～ 14:00、17:00 ～ 24:00
（日・祝）11:30 ～ 14:00、17:00 ～ 23:00
（第 3 火曜休）
地下鉄東山線「今池駅」6 番出口から徒歩 5 分
http://www.backje.jp/

漢方カンジャンケジャン（2人前5960円、写真は4人前）
ご飯のおかずにもお酒の肴にもぴったり！

ご飯を甲羅の蟹みそと混ぜて…

百済定食（1100円）はメイン料理（イカの野菜炒め）、スンドゥブチゲ、ナムルやキムチなどおかずもいろいろ

石焼ビビンバランチ（スープ付き890円、限定20食）アツアツのおこげが美味しい！

清潔感ある店内。2階は座敷の個室もあり落ち着ける

韓国スーパー&韓国料理

ジャント 韓うどん

リトル韓国へようこそ！

「ジャント」って何！「韓うどん」ってうどん屋か？

「ジャント」は市場の意味、韓国市場だ。韓国焼酎マッコリやキムチなどの韓国のおかずなどが並び、韓国食材はなんでも揃うスーパーマーケット。韓国ドラマのDVDも並んでいる。

　隣接する「韓うどん」は韓国のさまざまな家庭料理が楽しめる庶民的な韓国食堂で、いわゆるうどん屋さんではない。店内のテレビでは韓国の番組が流れ、韓国の下町の写真が並ぶなど韓国ムードたっぷりだ。

「韓うどん」のオススメは韓国風中華の皿ちゃんぽん。手打ち麺を使って、海鮮の味が凝縮して辛くて美味しい。

若い人たちに人気のボリュームたっぷりのヤンヨムチキンとフライドチキン。そして一押しが韓方鍋タッカンマリ鍋。ほんのり甘いのは漢方薬の甘草。朝鮮人参、棗なども入って美肌と健康に効き目がありそう。

　道を隔てた向かいには韓国情報誌「ジョンマンデ」を発行している名古屋企画があり、この一角はちょっとしたリトル韓国だ。「韓うどん」のオーナーの蔡徳順（チェトクスン）さんは、韓国好きな人たちの情報交換の場、コミュニティにしたいと夢を語る。

　韓国を食べたい！　買いたい！　見たい！　体験したい！　韓国ファンにとってはたまらないスポットだ。

韓国スーパー＆韓国料理 ジャント 韓うどん

韓国料理「韓うどん」 ☎ 052-269-0632/0633
中区栄 5-5-20 CHATEAU 栄 1 F
11:30 ～ 2:00（火曜休）
地下鉄東山線「矢場町駅」1 番出口から徒歩 5 分
http://www.k-mart.jp/
韓国スーパー「ジャント」 ☎ 052-243-6229/6239
10:00 ～ 2:00（火曜休）

店内のテレビから韓国語が流れる庶民的な韓国食堂

甘辛ヤンヨムチキン&フライドチキン（各4ピース950円から）

いちおしの韓方鍋タッカンマリ鍋。2950円（2人前〜）

韓国の焼酎やマッコリ、インスタントラーメンも

手作りのキムチやチャンジャ、韓国のおかずが並ぶ

韓国の食材、調味料が揃う韓国のスーパーマーケット

名古屋国際センター

国際交流の情報発信基地&在住外国人の強い味方

2014年に設立30周年を迎える。地域の国際化推進に取り組む施設として、全国的にも草分け的存在だ。

情報サービスコーナーでは、英語はもちろん、中国語・ポルトガル語など9言語で対応。外国人の市政相談、法律、子ども教育問題などの相談に応じる。

近年は、在住外国人の高齢化にともなう地域での孤立や離婚トラブルをはじめ、メンタル面の問題も顕在化。センターに相談に訪れたときにはかなり深刻な状態になっているケースも多い。今後はこうした問題の「予防」が大切になってくると、同センター広報情報課の加藤理絵さんは言う。

地域のお祭りやボランティアグループとも連携し、支援する側・される側の垣根を超える地域づくりに積極的に関わり、災害時の多言語対応などにも取り組む。

情報サービスコーナー

外国語で楽しむ絵本の会

外国人ボランティアがさまざまな国の絵本を読み聞かせしてくれる。毎月第2・4日曜日の14時～センター内のライブラリーで開催。申込不要。

ライブラリの蔵書は2万9000冊。日本語教材や海外の雑誌などもある。日本のマンガの外国語版もあり、外国語学習にも役立つと、人気。

絵本コーナーは、さまざまな国の色鮮やかな表紙を眺めるだけでも楽しいが、小さな子どもたちは、やっぱり読み聞かせ

世界へえ?・ほう!講座

名古屋弁の「語らまい」とドイツ語の「卓越した技術を持つ」を合わせて名づけられた「世界語《かた》ろマイスター」が日本語で母国を紹介する国際交流イベント。音楽あり、ダンスありで、楽しく異国の文化に触れられる。

年に2回開催。2013年度は、インドの小久保シュヴァさんと、ドイツの渡邉ジャネッテナオミさんが活躍中。

名古屋国際センター

☎ 052-581-0100
中村区那古野 1-47-1
9:00 ～ 19:00（月曜休館）
名古屋駅から徒歩7分。地下街「ユニモール」を直進、地下鉄桜通線「国際センター駅」と直結。
http://www.nic-nagoya.or.jp/

名古屋NGOセンター

世界の問題に関心のある人と団体をつなぐ

世界で起こっている様々な問題を解決したい、多くの人に社会問題について考えてほしい、そんな思いの人や団体が活動しているのが、名古屋NGOセンターだ。

貧困、環境破壊、人権問題などの地球規模の課題解決に取り組んでいる中部地域のNGOを支援している。2013年7月現在、50の団体が加盟していて、情報収集・発信など団体間のネットワークの拠点になっている。

センター事務所入り口

入り口を入るとすぐにNGO関連のイベントチラシやニュースレターが自由に閲覧できる情報ラックがある。さらに、NGOのことをもっと知りたいと思ったら図書コーナーを活用。社会問題、国際協力などの本が誰でも借りられる。

近年は、社会貢献への意識の高まりから、ボランティアの問い合わせや、「途上国に物資を送りたい」「団体を設立するにはどうしたらよいか」などの相談が増えている。

社会貢献を仕事に

人材育成にも力を入れていて、NGOスタッフになりたい人向けの研修「次世代のNGOを育てるコミュニティ・カレッジ（Nたま）」では多くのNGO・NPOに人材を輩出している。このような長期講座でのNGOスタッフ育成は全国的にも珍しい取り組みだ。毎年8月開講3月修了。

自分たちの想いを企画にするNたま受講生

スタディツアーへ行ってみよう

海外でボランティアをしたい、NGOが現地で何をしているのか知りたい人には、「NGO海外ボランティア・スタディツアー合同説明会」がおすすめ。中部地域のNGOのスタディツアーの内容が一度に知れ、相談もできる。毎年6月頃開催。

特定非営利活動法人
名古屋 NGO センター

☎ 052-228-8109
中区新栄町 2-3YWCA ビル 7F
13:00 ～ 17:00（日・月・祝休館）
地下鉄東山線・名城線「栄駅」5 番出口から徒歩 3 分
http://www.nangoc.org/

異国への窓

多文化共生リソースセンター東海

地域に暮らす皆が楽しく安心して暮らせる社会へ

「誰にとっても暮らしやすい地域をつくりたい！」2008年10月、医療、教育、法律など、さまざまな分野で外国人支援に携わってきた若手メンバーが、次世代の多文化共生社会づくりに向けて一致団結し、団体を設立。

スタッフ

東海地域唯一の多文化共生分野の中間支援組織として、在日外国人グループの活動サポート、多文化共生に関心のある方への情報提供やネットワークづくり、多文化共生に関する研修会の企画や講師派遣、調査・研究を行っている。

設立以来、毎年開催している「外国人コミュニティフェア」では、東海地域で活動する外国人グループにブースを出展してもらい、ダンスや歌・パネル展示・ワークショップ等を通じて日本人との交流の機会をつくっている。

「やさしい日本語」の普及・啓発

外国人にもわかりやすい「やさしい日本語」を広く一般の方に普及するため、愛知県の委託事業により、スマートフォンアプリ(iPhone, Android)を開発。ダウンロードは無料。また、スマートフォンユーザーでないの方のために、同様の内容をまとめた『「やさしい日本語」の手引き』も製作。PDF版のダウンロードは、「あいち多文化共生ネット」から。

多文化共生のために

東海地域の多文化共生の現状について学べる講座(多文化スクール)や、外国人支援団体・外国人グループの活動現場をバスでめぐるツアーを企画中。年2回、秋から冬、春に開催予定。その他、外国人グループへのインタビューや子どもの絵日記などを掲載した「たぶんか便り」(ニュースレター)を年3回発行。ブログから入手できる。

外国人コミュニティフェア

特定非営利活動法人多文化共生リソースセンター東海

☎052-228-8235
中区新栄町2-3YWCAビル6F
10:00～17:00(土日休み)
地下鉄東山線・名城線「栄駅」5番出口から徒歩3分
http://blog.canpan.info/mrc-t/

風"s（72 ページ）

チベット仏教寺院強巴林（74 ページ）

JICA 中部 なごや地球ひろば（60 ページ）

おわりに

移動手段の発達に伴い、海外旅行が身近となった昨今。海外へ出かける日本人は１６９９万人（２０１１年末）、海外から日本へ訪れる外国人旅行者は６２１・９万人（２０１１年末）と日本国内だけでも年間で２３００万人以上の人々が国境を行き来している。旅先での人との出会いやおいしい食事、きれいな景色など、旅の思い出はいつまでもわたしたちの心をおどらせてくれる。

今回わたしたちは、本書の取材を通じてたくさんの人や新しい味に出会った。日本で母国の味を広めたいと奮闘する外国人オーナー、旅先で出会った味を日本で再現したいと熱い想いを語る日本人オーナー。その出会いのすべてがわたしたちの視野を広げ、感動を与えてくれた。

現在、名古屋市内には、約140カ国、66・952人（2011年末）の外国人が暮らしており、海外の食事を楽しめるお店も年々増えている。旅先で出会った味を懐かしんでみたり、食べてみたかった料理にチャレンジしてみたり、名古屋市内だけでも世界を知るチャンスにあふれている。食事はもちろんのこと、「このお肉は誰でも食べられるようにお祈りしたものです」と教えてもらったり、「また来てね」と帰り際にハグ（抱擁）してくれたり。お店の人々との交流もまた魅力のひとつであり、自然に文化や宗教に触れられる機会だ。あなたもぜひ、身近な異文化を体験してみていただきたい。

最後に、本書の取材にご協力くださったすべての皆さまに感謝して。ありがとうございました。

河村槙子

［取材／執筆］
Adzsa
鎌倉志保
河村衣吏子
坂田いと美
中島正人
幡野その子
堀江 結
松田 薫
南 崇
六鹿直樹
山森明日葉

［編著者略歴］

水谷洋子（みずたに・ようこ）
1950年、愛知県生まれ。
1973年、名城大学薬学部卒業後、愛知医科大学医学部（法医学）勤務。2011年に退職を機に薬膳を学び、現在普及に努める。
薬剤師、国際中医薬膳師
公益社団法人アムネスティ・インターナショナル日本「わや」グループメンバー、特定非営利活動法人名古屋ＮＧＯセンター会報編集委員

河村槙子（かわむら・まきこ）
1983年、愛知県生まれ。
2005年、大学在学中に、アメリカ合衆国に留学。国際協力や多文化共生について学ぶ。2007年、南山大学総合政策学部卒業。
現在、特定非営利活動法人多文化共生リソースセンター東海で理事兼事務局長を務める。

装幀／三矢千穂

食べ歩き名古屋で世界旅行

2013年10月25日　第1刷発行　（定価はカバーに表示してあります）

編著者　水谷 洋子　河村 槙子
発行者　山口　章

発行所　名古屋市中区上前津 2-9-14　久野ビル
電話 052-331-0008　FAX052-331-0512
振替 00880-5-5616 http://www.fubaisha.com/
風媒社

乱丁・落丁本はお取り替えいたします。　＊印刷・製本／シナノパブリッシングプレス
ISBN978-4-8331-0158-5